FEMINILIDADE E MATERNIDADE
CONSIDERAÇÕES SOBRE A DEVASTAÇÃO NA RELAÇÃO MÃE E FILHA HOMOSSEXUAL

Editora Appris Ltda.
1.ª Edição - Copyright© 2024 da autora
Direitos de Edição Reservados à Editora Appris Ltda.

Nenhuma parte desta obra poderá ser utilizada indevidamente, sem estar de acordo com a Lei nº
9.610/98. Se incorreções forem encontradas, serão de exclusiva responsabilidade de seus organi-
zadores. Foi realizado o Depósito Legal na Fundação Biblioteca Nacional, de acordo com as Leis nᵒˢ
10.994, de 14/12/2004, e 12.192, de 14/01/2010.

Catalogação na Fonte
Elaborado por: Dayanne Leal Souza
Bibliotecária CRB 9/2162

C556f
2024
	Christo, Beatriz Barros de Oliveira
	    Feminilidade e maternidade: considerações sobre a devastação na relação mãe e filha homossexual / Beatriz Barros de Oliveira Christo. – 1. ed. – Curitiba: Appris, 2024.
	    106 p. ; 21 cm. (Coleção Saúde Mental).
	
	    Inclui referências.
	    ISBN 978-65-250-6223-5
	
	    1. Homossexualidade. 2. Maternidade. 3. Feminilidade. I. Christo, Beatriz Barros de Oliveira. II. Título. III. Série.
	
	                                                    CDD – 306.76

Livro de acordo com a normalização técnica da ABNT

Appris
editora

Editora e Livraria Appris Ltda.
Av. Manoel Ribas, 2265 – Mercês
Curitiba/PR – CEP: 80810-002
Tel. (41) 3156 - 4731
www.editoraappris.com.br

Printed in Brazil
Impresso no Brasil

Beatriz Barros de Oliveira Christo

FEMINILIDADE E MATERNIDADE
CONSIDERAÇÕES SOBRE A DEVASTAÇÃO NA RELAÇÃO
MÃE E FILHA HOMOSSEXUAL

Appris
editora

Curitiba, PR
2024

FICHA TÉCNICA

EDITORIAL	Augusto Coelho Sara C. de Andrade Coelho
COMITÊ EDITORIAL	Marli Caetano Andréa Barbosa Gouveia - UFPR Edmeire C. Pereira - UFPR Iraneide da Silva - UFC Jacques de Lima Ferreira - UP
SUPERVISOR DA PRODUÇÃO	Renata Cristina Lopes Miccelli
PRODUÇÃO EDITORIAL	Bruna Holmen
REVISÃO	Cristiana Leal
DIAGRAMAÇÃO	Renata Cristina Lopes Miccelli
CAPA	Lívia Costa

COMITÊ CIENTÍFICO DA COLEÇÃO SAÚDE MENTAL

DIREÇÃO CIENTÍFICA	Roberta Ecleide Kelly (NEPE)
CONSULTORES	Alessandra Moreno Maestrelli (Território Lacaniano Riopretense) Ana Luiza Gonçalves dos Santos (UNIRIO) Antônio Cesar Frasseto (UNESP, São José do Rio Preto) Felipe Lessa (LASAMEC - FSP/USP) Gustavo Henrique Dionísio (UNESP, Assis - SP) Heloísa Marcon (APPOA, RS) Leandro de Lajonquière (USP, SP/ Université Paris Ouest, FR) Marcelo Amorim Checchia (IIEPAE) Maria Luiza Andreozzi (PUC-SP) Michele Kamers (Hospital Santa Catarina, Blumenau) Norida Teotônio de Castro (Unifenas, Minas Gerais) Márcio Fernandes (Unicentro-PR-Brasil) Maria Aparecida Baccega (ESPM-SP-Brasil) Fauston Negreiros (UFPI)

*A Mayara Barros, por ter me ensinado a amar incondicionalmente
e por me apresentar a alteridade.*

*A Lêda Maria, porque são sempre três mulheres e porque, na derradeira hora,
não apenas me deu a perceber que foi quem ensina a amar, mas a ser amada.*

AGRADECIMENTOS

Você pensa que nunca vai esquecer, e esquece.
Você pensa que essa dor nunca vai passar, mas passa.
Você pensa que tudo é eterno, mas não é.

(Clarice Lispector)

Acredito que uma obra se desprende do autor ao ser dada a conhecer. Após anos de estudo e pesquisa bibliográfica, chega o momento de um fim que não é final, mas que pretende suscitar outras discussões no vasto campo do Feminino em Psicanálise.

Agradeço, primeiramente, à minha filha, Mayara Barros, pela separação, pela constituição subjetiva, pelo incentivo incondicional a este texto e a mim, para que eu me refizesse mulher e mãe.

À minha mãe que, nos momentos difíceis, esteve ali, com as portas abertas, e eu, sem norte, não percebi. A ela todo meu agradecimento por me incentivar a retomar esta obra, a quem dedico, para o propósito que só nós, mãe-filha, compartilhamos.

A Claudia Escórcio Pitanga, pelas diversas travessias e pelo caminho de minha retificação subjetiva que permitiu a publicação dessa obra.

A todos agradeço. Não seria quem hoje sou nem teria conseguido concluir esta obra sem todos os calços e percalços.

Não posso narrar.
Que pretérito me serviria
se minha mãe já não me tece?
Desencaminhada então eu me detenho
Ante um estado de coisas presente demais:
ser a descuidada que cuida dela
enquanto outros a descuidam por mim.
São pessoas que me sobram
e a gramática se torna um escândalo
quando ela que esqueceu as palavras
adianta seu bebê furioso
a fim de dizer tudo
mesmo que nada se entenda

(Tamara Kamenszain)

SUMÁRIO

INTRODUÇÃO..13

1
FEMININO EM FREUD E LACAN..17
  1.1 FEMININO E MÃE EM FREUD...18
  1.2 FEMININO E MÃE EM LACAN..34

2
DA RELAÇÃO MÃE-FILHA..49

3
DA CATÁSTROFE E DA DEVASTAÇÃO NA RELAÇÃO MÃE-FILHA E DE UMA POSSÍVEL DEVASTAÇÃO ÀS AVESSAS............57
  3.1 BREVES NOTAS SOBRE A HOMOSSEXUALIDADE FEMININA.......57
  3.2 CATÁSTROFE E DEVASTAÇÃO – UMA PARTICULARIDADE FEMININA...62
  3.3 DE UMA DEVASTAÇÃO ÀS AVESSAS.....................................74

4
DA DEVASTAÇÃO AO AMOR – O CAMINHO DE VOLTA..............87

5
CONSIDERAÇÕES FINAIS..95

REFERÊNCIAS...101

INTRODUÇÃO

Da mulher que ficou
À mulher que retornou
Da mãe que tudo perdeu
À mãe que se fez mulher
No silêncio dos dias e anos
Na diferença entre sonho e realidade
No amor incondicional
Gratuidade
Alteridade
Amor sem objeto
Amor verbo intransitivo

(Beatriz Christo)

Na Conferência XXXIII – Feminilidade, Freud declara: "É da especificidade da Psicanálise não pretender descrever o que é a mulher – tarefa que ela não poderia cumprir – mas sim de examinar como ela se torna mulher, como a mulher se desenvolve a partir da criança com predisposição bissexual" (1995i, p. 117).

Essa noção de "tornar-se" vai ao encontro da compreensão de que se trata de uma conquista, cujo percurso navega por variadas ilhas de subjetivação. Não por outra razão, Freud, ao tratar do "feminino", se deparou, ao fim e ao cabo, com aquilo que denominou "continente negro" (1995g, p. 205-206)[1], que ousamos reformular para "vários continentes diferentes".

Em sua tentativa de delinear esse percurso do "feminino", Freud estabeleceu como condição fundamental a mudança de objeto, a transferência da relação libidinal da mãe para o pai, além da mudança de zona erógena, do clitóris para a vagina. Em um primeiro momento,

---

[1] "Mas não é preciso envergonharmo-nos dessa distinção; afinal de contas, a vida sexual das mulheres adultas é um 'continente negro' para a psicologia."

esses dois movimentos foram apontados como a singularidade das meninas na passagem pelo Édipo, o que, mais tarde, foi ampliado.

Nesse processo, não apenas o pai deve se colocar em uma posição passiva — no sentido de estar receptível à sedução da filha, descompletando, assim, seu apetite voraz pela mãe — como também a mãe desempenha papel imprescindível: sua destotalização. Aqui podemos inferir que é como objeto que o pai é autor da divisão mãe-criança, como segundo objeto de amor.

Dito de outro modo, a mãe deve renunciar a sua posição fálica, experienciada, na relação mãe-filha, ainda em um momento pré-edipiano, cuja relevância e influência na relação com uma filha podem redefinir os contornos de sua própria identificação, na sua projeção narcísica e feminilidade.

Esta obra não pretende terminologizar a relação mãe-filha em homossexualidade, para que não se reduza a função terceirizante da mãe, quando precisamente a ela cumprirá recorrer à sua representação paterna subjetiva para permitir a construção da feminilidade da filha. Mais ainda, a realização de sua própria feminilidade, quiçá em contornos ainda indefinidos, que serão chamados a uma posição diante da escolha de objeto libidinal da filha.

Especificamente, o que proponho é pensar nos efeitos da escolha objetal homossexual da filha para a mãe, seja a partir de sua primeva identificação ao feminino, seja a partir de uma ferida narcísica, seja a partir de uma fantasia de que a ela, mãe, cumpriria transmitir à filha o significante que falta ao feminino. Na "falha" dessa transmissão, pretendo trabalhar, bem ali onde a mãe — tomada como uma das máscaras do feminino — se depara com o Outro da filha. Será possível uma relação amorosa que não seja mais devastadora? No resto que fica da relação pré-edipiana, naquele espaço que somente pode ser compartilhado entre duas mulheres, há lugar para a relação mãe-filha homossexual?

Em medida semelhante à constatação que J. Lacan fez em "Duas notas sobre a criança" (1969), de que a criança é o sintoma do casal parental, podemos dizer que, na relação mãe-filha, há, por parte

FEMINILIDADE E MATERNIDADE:
CONSIDERAÇÕES SOBRE A DEVASTAÇÃO NA RELAÇÃO MÃE E FILHA HOMOSSEXUAL

da mãe, um tratamento, principalmente, mas não exclusivamente, à filha que reproduz a relação na sua própria vida sexual. Daí por que recorrerei ao conceito de narcisismo estabelecido por S. Freud em "Sobre o Narcisismo: uma introdução" (1914) para, talvez por tortuosos caminhos, encontrar uma ferida que nasce da idealização da mãe quanto à filha e da suposta falha na transmissão da feminilidade que pode emergir no sujeito-mãe na situação específica.

Nesse ponto, vale a referência às palavras de Freud (1995b, p. 97-98):

> Se prestarmos atenção à atitude de pais afetuosos com os filhos, temos que reconhecer que ela é uma revivescência e reprodução de seu próprio narcisismo, que de há muito abandonaram. [...] Assim eles se acham sob a compulsão de atribuir todas as perfeições ao filho – o que uma observação sóbria não permitiria – e de ocultar e esquecer todas as deficiências dele (incidentalmente, a negação da sexualidade nas crianças está relacionada a isso). Além disso, sentem-se inclinados a suspender, em favor da criança, o funcionamento de todas as aquisições culturais que seu próprio narcisismo foi forçado a respeitar, e a renovar em nome dela as reivindicações aos privilégios de há muito por eles próprios abandonados. A criança terá mais divertimentos que seus pais; ela não ficará sujeita às necessidades que els reconhecem como supremas na vida. A doença, a morte, a renúncia ao prazer, restrições à sua vontade própria não a atingirão; as leis da natureza e da sociedade serão ab-rogadas em seu favor; ela será mais uma vez realmente o centro e o âmago da criação – "Sua Magestade o Bebê", como outrora nós mesmos nos imaginávamos. A criança concretizará os sonhos dourados que os pais jamais realizaram – o menino se tornará um grande homem e um herói em lugar do pai, e a menina se casará com um príncipe como compensação para sua mãe. No ponto mais sensível do sistema narcisista, a imortalidade do ego, tão oprimida pela realidade,

> a segurança é alcançada por meio do refúgio na criança. O amor dos pais, tão comovedor e no fundo tão infantil, nada mais é senão o narcisismo dos pais renascido, o qual, transformado em amor objetal, inequivocamente revela sua natureza anterior.

Passando por essa referência, genérica, ouso apontar não apenas a revivescência do narcisismo dos pais e a presença inequívoca do infantil — porque sempre e invariavelmente é dele que se trata — mas também a mãe de uma menina, que revivesce igualmente seu percurso de tornar-se mulher. Parece surgir uma ferida quase narcísica, o corte ou a fenda que a homossexualidade da filha pode representar, quer na própria sexualidade da mãe, quer na sua (in) capacidade de transmiti-la à filha.

Essa "loucura" que é o amor dos pais abarca muito da própria constituição subjetiva deles. A proposta desta obra é pensar na "loucura" do amor do sujeito-mãe pelo sujeito-filha, que pode beirar a devastação, singularidade feminina, aquilo que Lacan chamou de *ravage*, uma dor de amor, quando a filha-menina faz uma escolha objetal homossexual. É nesse viés que pretendo fazer nosso percurso neste trabalho.

Partiremos, inevitavelmente, de pensar o Feminino e a ausência de um significante próprio para "A Mulher". Prosseguiremos pela ideia do "tornar-se" mulher e do que pode significar o "ser mãe" para o "ser-mulher", circundando nosso pensamento pelo que diz a Psicanálise sobre "a mãe". Especificamente, trataremos do trajeto da maternidade de uma filha menina e o encontro com o diferencial de sua homossexualidade.

Nesse diapasão, passaremos pela singularidade da relação mãe-filha, pela identificação da mãe, pelo efeito subjetivo ao seu narcisismo secundário, pela fantasia da transmissão do feminino, pelo conceito e efeito da devastação e, por fim, pelas possibilidades subjetivas do espaço habitado por mãe-filha.

FEMININO EM FREUD E LACAN

> *Ser-se mulher é algo de tão peculiar, de tão misto,*
> *de tão compósito, que nenhum predicado pode por si só*
> *exprimi-lo, e os muitos predicados, caso os quiséssemos utilizar,*
> *contradir-se-iam mutuamente de tal maneira que só uma mulher*
> *seria capaz de suportar tal coisa; aliás, pior ainda,*
> *seria capaz de encontrar prazer nisso.*

> *(Sören Kierkegaard[2])*

Pensar o feminino em Psicanálise é tarefa árdua, não apenas pelo trajeto que Freud percorreu para chegar ao rochedo da castração — que, em um dado momento, lhe foi o empecilho para o prosseguimento da análise de suas histéricas —, mas também porque Lacan, ao proceder o retorno a Freud, pensou a mulher tornando proeminente mais o desejo que o amor, definindo, ao fim e ao cabo, o Feminino como um "não lugar", ante a ausência de um significante próprio ao feminino.

Essa formulação parece dar corpo ao adágio lacaniano: "A mulher não existe", mas algo de diferente ocorre quando este sujeito indefinível comporta outro em seu corpo. Da mulher — que não existe, que é contada uma a uma etc. —, passa-se à mãe, ou futura mãe.

Muito é dito sobre as formulações freudianas acerca da mulher enquanto a portadora de uma "falta" — e daí toda a concepção a respeito do *penisneid* —, mas que sabemos confundir-se, nas inúmeras tentativas de definir a feminilidade, com uma outra "falta", compartilhada igualmente pelos homens, a falta do objeto perdido desde sempre. Ao introduzir, em *"O Aturdito"* (1972), as fórmulas

---

[2] Citado por Maria Josefina Sota Fuentes (2012).

lógicas do que nomeou sexuação, Lacan faz a identificação do homem e da mulher conforme o modo de gozo:

> É homem o sujeito inteiramente submetido à função fálica. Por isso, a castração é seu destino, assim como o gozo fálico, ao qual ele tem acesso por intermédio da fantasia. É mulher, ao contrário, Outro, o sujeito que não está todo submetido ao regime do gozo fálico e ao qual cabe um outro gozo, suplementar, sem o suporte de nenhum objeto ou semblante. (Soler, 2006, p. 138).

O trato do Feminino, pois, envolve um caminho sempre prestes a desvirtuar pelas contingências, pelo amor, pelo gozo suplementar, pelo registro fálico e pela devastação.

1.1 FEMININO E MÃE EM FREUD

> *Acho que te criei no interior da minha mente.*
> *(Sylvia Plath, 1971, p. 255)*

Freud ensinou que a mãe é aquela que ensina o filho a amar. Ao investir nele sua libido, proporcionar-lhe as primeiras sensações prazerosas de se colocar no papel de objeto amoroso e modelo das relações posteriores do sujeito; amor e satisfação sexual, portanto, não se encontram dissociadas. Mais além, aponta o seio materno como o primeiro objeto erótico do sujeito, seja pela nutrição, seja pela própria constituição subjetiva que ali, naqueles cuidados primeiros, são direcionados à criança.

A concepção de sexualidade infantil só é possível a Freud em razão da ideia de que a sexualidade é qualquer sensação corporal prazerosa, distinguindo as fases oral, anal, fálica e, após o denominado período da latência, genital. Das relações parentais na infância, serão determinados os demais relacionamentos do sujeito.

Desse momento em que Freud toca o feminino, podemos perceber que a maternidade é indicada como a saída tida por "normal" para o Édipo nas meninas. A saída dita "normal" levaria a menina à feminilidade.

Curial, contudo, que não define, nem de longe, a identidade do feminino. Trata-se, penso, de uma construção desde os primórdios da humanidade, percebida em sua época e inserida na cultura de tal modo que, em pleno século XXI, ainda se identifica, fora dos círculos acadêmicos, o feminino com a maternidade. Nem se diga não ser perceptível, na clínica, que diversas mulheres apenas não podem definir o desejo de maternidade, mas também a ausência de uma criança, as angústias, quem sabe herdeira da equação freudiana de que a criança equivale ao pênis ou, dito de modo mais técnico, a criança é o falo da mãe; quem sabe, herdeira do narcisismo.

Acontece que o feminino vai além, como nos ensinou o próprio Freud e, posteriormente, Lacan.

Das saídas do Édipo nas meninas, apontadas inicialmente por Freud para a feminilidade, vamos nos ater, por ora, à maternidade. Aqui é possível reconhecer que Freud aponta o filho como uma espécie de tamponamento da ferida narcísica da "falta" do pênis e, no outro lado da mesma moeda, como o próprio falo da mãe. Dito de outro modo: tornar-se mulher é consequência dos efeitos da castração.

E, aqui, muito distintos são esses efeitos para meninos e meninas.

No texto *Algumas consequências psíquicas da diferença anatômica entre os sexos* (1925), Freud formula sua teoria sobre as diferenças anatômicas entre os sexos — não sem antes apontar a anatomia como destino —, que produzem muitas diferenças psíquicas. A castração para as meninas já estaria inscrita em seus corpos desde sempre, enquanto para os meninos haveria apenas uma ameaça.

Não obstante, ao término da "XXXIII Conferência" (1995i, p. 133), Freud reafirma a obscuridade da sexualidade feminina. Nesse texto é acentuada a descoberta da pré-história das meninas, quando o lugar de sedução é ocupado pela mãe.

> A identificação de uma mulher com sua mãe permite-nos distinguir duas camadas: a pré-edipiana, sobre a qual se apoia a vinculação afetuosa com

> a mãe e esta é tomada como modelo, e a camada subsequente, advinda do complexo de Édipo, que procura eliminar a mãe e tomar-lhe o lugar junto ao pai. Sem dúvida, justifica-se dizer que muita coisa de ambas subsiste no futuro e que nenhuma das duas é adequadamente superada no curso do desenvolvimento. A fase da ligação afetuosa pré-edipiana, contudo, é decisiva para o futuro de uma mulher: durante essa fase são feitos os preparativos para a aquisição das características com que mais tarde exercerá seu papel na função sexual e realizará suas inestimáveis tarefas sociais.

Ainda sobre a relação entre a mãe e a filha — aqui também Freud inclui o filho —, estabeleceu-se que a mãe constitui o primevo objeto de desejo e amor, diferenciando-se, na menina, a percepção da falta que, mais tarde atribuída à mãe, vai incitar-lhe o afastamento, com acusações e agressividade, fazendo sua triunfal entrada no Complexo de Édipo, quando, então, toma o pai como objeto daquele mesmo amor e desejo. Veja-se, novamente, o esforço psíquico da menina ao abandonar zona erógena e objeto de amor, coisa que não ocorre aos meninos. Esses, adentrando o Édipo, rivalizam com o pai e voltam-se à mãe, o mesmo primeiro objeto de amor e desejo, até a ameaça de castração, quando então seguem o desenvolvimento dito normal à sexualidade dirigida a objeto semelhante: uma mulher, esta, sim, sem a interdição do incesto.

Nesse mesmo texto, não sem antes reconhecer a complexidade da atividade psíquica das meninas para prosseguir seu desenvolvimento psíquico, Freud enfatiza três caminhos ante a castração: abandono da atividade sexual, complexo de masculinidade e, finalmente, a feminilidade, destino que mais demanda da atividade psíquica ante seus multifacetados movimentos.

Do ódio dirigido à mãe, até então objeto de amor, à reorientação do interesse pelo pai, que aí faz suplência para lhe devolver o falo supostamente perdido, que, evidentemente, jamais lhe será restituído, direciona a pequena mulher seu interesse, já na vida adulta, a outro homem, agora para obter o substituto fálico, o filho.

É na tantas vezes citada "XXXIII Conferência" que Freud traz os efeitos da maternidade específica de uma filha, ocasião em que a mãe/mulher/sujeito anatomicamente feminino revivesce seus antigos complexos recalcados ao longo de sua vida.

No texto de 1931, já alertara Freud sobre o quão para sempre conflituoso é esse campo da relação mãe-filha, notadamente por colocar a filha diante do recalcado do "temor de ser morta pela mãe".

A questão que se põe, primeiramente, é, como, a partir da bissexualidade infantil identificada por Freud, a menina vem a se tornar mulher. Depois, a questão se complica: como, a partir de uma relação originariamente homossexual, a menina se voltará ao pai, tomando-o como aquele que lhe proporcionará o que a ela já é conhecido "faltar": o pênis.

É, nesse mesmo momento de sua obra, que Freud pontua não só a revivescência da relação da mulher com sua própria mãe, quando ela mesma se torna mãe, mas também a fase afetuosa pré-edipiana, que é decisiva para o futuro de uma mulher.

Não podemos deixar de referir que Winnicott, sobre o tema, sempre defendeu o postulado de que se trata invariavelmente de três mulheres: "Para toda mulher, há sempre três mulheres: ela menina, sua mãe e a mãe da mãe" (Winnicott *apud* Zalcberg, 2003, p. 175). Momento ímpar para a constituição subjetiva da mulher, que é reeditado diversas vezes na vida sexual de uma mulher.

A postulação de Freud é de que a resolução do complexo de Édipo pode seguir variados caminhos, dentre eles a maternidade, como tamponamento da ferida narcísica com origem no complexo de castração em que meninos e meninas perdem o amor da mãe. Tem-se, pois, que uma das definições de Freud para a mulher é tornar-se mãe, reducionismo que pode implicar sérias consequências psíquicas, alimentadas ferozmente pela sociedade.

Mais adiante Freud (1995g, p. 205-206) observa a condição de "continente negro" da feminilidade, o que abre o campo para variados caminhos psíquicos para a saída do Édipo da mulher e, para Lacan, autoriza sua não definição da mulher, conduzindo ao conceito "não toda" submetida à ordem do falo ou não lugar para este ser feminino, exatamente pela falta de um significante que o defina.

Nesse diapasão é de bom alvitre perpassar algumas lições freudianas a respeito do narcisismo, tratadas no texto de 1914. Como vimos, ao parir uma criança menina, uma mulher acaba por revivescer os mais íntimos e recalcados sentimentos de sua vida sexual. O conceito freudiano de narcisismo é bem peculiar: o sujeito a si mesmo percebe e atua como se objeto sexual fosse obtendo de si satisfação sexual. Duas escolhas de objeto são apontadas no texto: a anaclítica ou de ligação, em que o sujeito toma por modelo aqueles que dele cuidaram e protegeram — em geral, a mãe ou quem lhe faça o papel — e a escolha objetal narcísica, que Freud atribui ser próprio das mulheres, especificamente no ingresso na puberdade, tendo por efeito a necessidade de serem amadas, mais do que amar.

A escolha de objeto narcísica, nesse caso, enseja o amor por quem é o próprio sujeito, por quem ele gostaria de ser ou alguém que lhe foi parte. Aqui, encontramos o filho, tido, para Freud, como uma escolha objetal narcísica, mas não a única. A outra seria a manutenção da masculinidade.

São suas as palavras:

> O narcisismo primário das crianças, por nós pressuposto e que forma um dos postulados de nossas teorias da libido é menos fácil de apreender pela observação direta do que de confirmar por alguma outra inferência. Se prestarmos atenção à atitude dos pais afetuosos para com os filhos, temos de reconhecer que ela é uma revivescência e reprodução de seu próprio narcisismo, que de há muito abandonaram. O indicador digno de confiança constituído pela supervalorização, que já reconhecemos como um estigma narcisista no caso da escolha objetal, domina, como todos nós sabemos, sua atitude emocional. Assim eles se acham sob a compulsão de atribuir todas as perfeições ao filho – o que uma observação sóbria não permitiria – e de ocultar e esquecer todas as deficiências dele. (Incidentalmente,

a negação da sexualidade nas crianças está relacionada a isso). Além disso, sentem-se inclinados a suspender, em favor da criança, o funcionamento de todas as aquisições culturais que seu próprio narcisismo foi forçado a respeitar, e a renovar em nome dela as reivindicações aos privilégios de há muito por eles próprios abandonados. A criança terá mais divertimentos que seus pais; ela não ficará sujeita às necessidades que eles reconheceram como supremas na vida. A doença, a morte, a renúncia ao prazer, restrições a sua vontade própria não a atingirão; as leis da natureza e da sociedade serão ab-rogadas em seu favor; ela será mais uma vez realmente o centro e o âmago da criação ⬚ "Sua Majestade o Bebê"[3] como outrora nós mesmos nos imaginávamos. A criança concretizará os sonhos dourados que os pais jamais realizaram ⬚ o menino se tornará um grande homem e um herói no lugar do pai, e a menina se casará com um príncipe como compensação para sua mãe. No ponto mais sensível do sistema narcisista, a imortalidade do ego, tão oprimida pela realidade, a segurança é alcançada por meio do refúgio na criança. O amor dos pais, tão comovedor e no fundo tão infantil, nada mais é senão o narcisismo dos pais renascido, o qual, transformado em amor objetal, inequivocamente revela sua natureza anterior (Freud, 1995b, p. 97-98).

Precisamente é esta uma das origens dos conflitos entre pais e filhos: aqueles, apostando, via narcisismo próprio, na realização de seus sonhos nestes; estes, sujeitos em constituição que vão delineando seus desejos e ideias de vida, recusando-se a submeterem-se àquilo que não lhes pertence: o narcisismo dos pais.

Podemos afirmar que, para Freud (1995h, p. 234), a mãe, aquela que ensina seu filho a amar, o faz por meio do seu amor-próprio,

---

[3] Nota do tradutor brasileiro: Em inglês no original: *His Majesty the Baby*. Talvez uma referência a um conhecido quadro da era eduardiana, da Academia Real, que trazia aquele título e mostrava dois policiais londrinos interrompendo o tráfego intenso para deixar que uma babá atravessasse a rua empurrando um carrinho de criança – Sua Majestade o Ego aparece no artigo anterior de Freud sobre Creative *Writers and Day-Dreaming* (1908e).

revivescido na relação com a criança, que é colocada no lugar de objeto sexual completo. Curiosamente, também ela, mãe, se faz de objeto sexual do filho. Conflitos ambivalentes são inevitáveis: amor/ódio, prazer/desprazer, mágoa/satisfação, tudo emergindo quando a criança se dá conta de que não é o único objeto de desejo da mãe. Daqui em diante, Freud vai elaborar sua teoria do complexo de Édipo.

Em *Sexualidade feminina*, Freud (1995h, p. 234) concebe que os desejos sexuais da menina somente serão dirigidos ao pai ("Édipo positivo") quando ela ultrapassar a fase pré-edipiana ("Édipo negativo"), em que a mãe é o objeto sexual. É nesse momento que a relação pré-edipiana toma o corpo mais denso, a determinar toda a vida sexual da menina. É relevante destacar que os complexos de Édipo positivo e negativo foram debatidos por Freud em *O Ego e o Id* (1923).

Aqui, é importante trazer o entendimento que Freud alcançou ao chegar à distinção entre os complexos de castração e de Édipo nos meninos e meninas, processo iniciado desde os artigos metapsicológicos, passando pelos "Três ensaios sobre a sexualidade" (1905), "As Teorias sexuais das crianças" (1908), "A Organização genital infantil" (1923), "Uma criança é espancada" (1919), "A dissolução do complexo de Édipo" (1924) e "Algumas consequências psíquicas da diferença anatômica entre os sexos" (1925), textos que são complementados por seus mais importantes trabalhos sobre a feminilidade, "Sexualidade feminina" (1931) e "Conferência XXXIII: Feminilidade" (1932).

Se, em um primeiro momento, Freud trata da questão do Édipo e da castração, ou de modo semelhante para meninos e meninas, ou omitindo-se em relação às meninas, ou, por fim, reconhecendo faltar o exame do processo nas meninas, em "Algumas consequências psíquicas da diferença anatômica entre os sexos" (1925), ele estabelece a peculiaridade, no seu ensino, desses processos nas meninas.

Para Freud, já restava claro que os contornos biológicos inundam o subjetivo de premissas e reações, a que ele denominou complexos de Édipo e de castração. Em um primeiro momento, Freud

FEMINILIDADE E MATERNIDADE:
CONSIDERAÇÕES SOBRE A DEVASTAÇÃO NA RELAÇÃO MÃE E FILHA HOMOSSEXUAL

não se deteve com precisão sobre a passagem por esses tempos para meninos e meninas, conquanto a diferença estivesse já marcada. Somente a partir de 1924, com "A dissolução do complexo de Édipo" e "Algumas consequências psíquicas da diferença anatômica entre os sexos" (1925), seguido de "Sexualidade feminina", de 1931, e da "Conferência XXXIII: Feminilidade", de 1932, foi possível evidenciar a complexidade da constituição subjetiva para as meninas.

Com efeito, os meninos entram no Édipo e dele saem por meio do complexo de castração, ao verem-se "ameaçados" pelo pai, mas saem com um "vale transporte" para a vida adulta, porque "sabem" que têm o que uma mulher vai desejar. Nessa transição, mudam de objeto de amor — da mãe, primordial, para todas menos ela —, mas não de órgão sexual. Para as meninas, o processo revela-se muito mais complicado. Entram direto no processo de castração, porque desde cedo percebem que algo lhes falta, ainda que de início pensem, em suas fantasias, que aquele pequeno e excitável clitóris crescerá tal como o pênis visto nos meninos. Com essa falta, seguem o processo do Édipo, afastando-se da mãe, culpando-a, e voltando-se ao pai.

Do Édipo não escapam e não saem, como os meninos, com uma moeda de ouro no bolso. Mulheres permanecem anos a fio naquele engendro buscando no mundo um significado para si. Freud indicou aí outra grande distinção: meninas têm que mudar não apenas o objeto de amor, mas também o órgão sexual, do clitóris para a vagina, para terem uma luz ao fim do túnel.

Nesses processos de constituição subjetiva, Freud apontou para o complexo de castração, ensejando a inveja do pênis que definiria sua entrada no complexo de Édipo. Do *penisneid*, quatro reações viriam determinar todo o futuro da pequena mulher: sentimento de inferioridade, deslizamento da libido de ter um pênis para ter um filho do pai, ciúme e afastamento da relação com a mãe, abandono da masturbação clitoriana. Esse ponto será por nós exposto mais detalhadamente adiante.

A partir de "Algumas Consequências Psíquicas da Diferença Anatômica entre os Sexos" (1925), a diferença existente nas operações do primado do falo em meninos e meninas é dissecada.

Serge André (2011, p. 204-205) traz clareza:

> Se é o mesmo falo que menino e menina descobrem, respectivamente, no sexo anatomicamente oposto, esta descoberta se inscreve no resgistro da falta para o menino e no registro do véu para a menina. O ingresso na problemática da castração ocorre para ambos, mas não ao mesmo nível. A anatomia não suscita o mesmo tipo de resposta num e noutro; eles refutam a diferença demonstrada por ela, cada um a seu modo. O menino se conduz de maneira irresoluta: duvida, procura outras informações; a menina, esta já compreendeu tudo à primeira vista: "ela viu aquilo, sabe que não tem e quer tê-lo", escreve Freud.

Prossegue André (2011, p. 205):

> O instante de ver a diferença inaugura para o primeiro um tempo infinito de compreender, ao passo que, para a segunda, parece se conjugar com o momento de concluir. O complexo de masculinidade da menina se apoia nessa olhadela inicial e se desenvolve em duas vertentes, a da esperança e a da denegação: a esperança de obter um dia como recompensa, esse pênis que a faria semelhante aos homens; denegação pela qual se recusa a reconhecer sua falta e se obstina na convicção de que o tem assim mesmo, obrigando-se a se comportar como se fosse um homem.

Com propriedade, já nos textos de 1931 e 1932, Freud conclui que não se nasce mulher e que essa feminilidade é um percurso que cumpre a cada menina. Ocorre que aí, o autor foi estancado pelo rochedo da castração, permanecendo a feminilidade como um "continente negro" (1995, p. 205), suas palavras. Em Freud, para tornar-se mulher, a menininha teria três saídas: inibição da sexualidade, complexo de masculinidade e a feminilidade dita normal.

Dito de outro modo, na consistência da repulsa à mãe, três são os destinos para a sexualidade feminina: a inibição, que seria

FEMINILIDADE E MATERNIDADE:
CONSIDERAÇÕES SOBRE A DEVASTAÇÃO NA RELAÇÃO MÃE E FILHA HOMOSSEXUAL

uma saída neurótica, geralmente classificada como histeria; a masculinização, na rejeição absoluta de não ter o pênis, o que poderia levar à homossexualidade na vida adulta — tese que, posteriormente, Freud rejeitou — e o direcionamento da libido para o pai — não sem antes se dar o afastamento da mãe — acrescido do desejo de receber um filho dele, no deslocamento de uma equação fezes=pênis=bebê.

A chegada a essa feminilidade é apontada por Freud, já nos últimos textos, como um percurso trabalhoso, em que, além do abandono da masturbação clitoriana e do afastamento ressentido da mãe, até então fálica, a virada ao pai leva ao deslizamento do desejo de ter um pênis pelo desejo de ter um filho.

A maternidade é um modo de constituição do ser feminino normal para Freud, e muitas mulheres encontram na maternagem sua saída para a falta-a-ser do sujeito freudiano.

Foi nos textos mais específicos sobre o feminino, os de 1931 e de 1932, que Freud desenvolveu a importância oceânica da relação pré-edipiana, que acompanharia a menina por toda a vida, em seus relacionamentos pessoais e sociais. A mãe não apenas é a que ensina a amar, mas também a que transmite os símbolos culturais. Na relação mãe-filha, objeto deste trabalho, a questão ainda se complica: a menina não espera da mãe apenas a introdução na linguagem e sua constituição em sujeito, a castração — porque é por intermédio da mãe que ela é levada ao pai, à lei —, mas também o significante do feminino, que, como veremos mais adiante, não existe.

Ainda sobre a relação pré-edipiana, Freud concluiu que a hostilidade da menina à sua mãe é oriunda dessa pré-história, e não do Édipo. No já tantas vezes mencionado, pela sua importância teórica e conceitual, texto de 1925, o autor introduz a novidade de ser a relação da menina com o pai uma transferência da relação inicial com a mãe, trabalhada em "Sexualidade feminina" (1931).

Em 1923, em "A organização genital infantil", Freud introduziu a ideia de falo, enquanto simbólico, em lugar de pênis. Esse primado serve a meninas e meninos. A estes, o "vir a faltar" que, posteriormente, lhes ocorre, os introduz no complexo de castração e, em seguida, no Édipo; àquelas, é o véu que recobre a falta daquilo que desde sempre sabem não ter.

Um pequeno retorno é necessário, para compreender o trajeto de Freud na formulação de suas teorias sobre ser feminino. No texto de 1919, "Uma criança é espancada: uma contribuição ao estudo sobre a origem das perversões sexuais", o autor traz a construção do fantasma fundamental, dividindo sua constituição em três tempos, a saber: 1º tempo: "meu pai bate na criança" — aqui jamais a criança é o sujeito que formula a fantasia, ao contrário, é o irmão ou irmã; 2º tempo: "meu pai me bate" — formulação que introduz uma ideia de masoquismo próprio ao feminino; 3º tempo: "bate-se numa criança" — sujeito observador e objeto indefinido, mas invariavelmente de anatomia masculina.

É importante anotar que esse texto, sob o subtítulo "Uma contribuição ao estudo sobre a origem das perversões sexuais", foi elaborado por Freud antes da sua formulação sobre a pulsão de morte (1920), por isso a ligação da fantasia com a perversão e com a ideia de desprazer do Eu como função de recalque.

Vamos à fantasia sublinhada sob a lente do feminino: o primeiro tempo indica um tempo anterior ao Édipo, não há ligação dos sentimentos da menina ao pai em relação aos seus sentimentos em relação à mãe, e a rivalidade se instala em direção ao semelhante, irmã ou irmão. Trata-se do ciúme que emerge quando qualquer um se instale entre a menina e o ser a quem dirige a demanda de amor. Freud aponta aí o sadismo como fio condutor. No segundo e mais importante tempo, em que já se pode falar de incursão edipiana, a criança que é espancada é a própria menina, o que indicaria um castigo pelos seus sentimentos incestuosos de querer ser amada pelo pai; o indicador do masoquismo dito feminino faz-se presente. No terceiro tempo, desaparecem tanto o sujeito quanto o objeto, o que faz emergir a função e importância do olhar, quando Freud, questionando suas pacientes, encontra como resposta: "Provavelmente estou olhando", o que vai introduzir toda a problemática do ser feminino (1995c, p. 201-202).

Nessa linha, farei o recorte do segundo tempo como um índice do lidar da menina com o *penisneid.* Em Freud, encontramos a manutenção desse tempo no inconsciente: "[...] a fantasia da criança de ser espancada pelo pai – permanece, via de regra, inconsciente, provavelmente em consequência da intensidade da repressão" (1995c, p. 205).

Na passagem do primeiro para o segundo tempo da fantasia, Freud reconheceu dois fatores: o recalque — que incidiria sobre o amor ao pai e o incesto — e o sentimento de culpa, que recai sobre a própria agressão. Para o autor, o "ser espancada" equivaleria a "ser amada", mas ele mesmo reconhece, ao evocar o sentimento de culpa, que, na teoria das pulsões elaborada em 1920, liga-se à pulsão de morte o gozo subjacente ao ser espancada.

Dois pontos nodais são extraídos do texto: a elucubração sobre o gozo a mais, próprio ao feminino, e aquilo que Freud designou como masoquismo feminino, que tem a ver com o gozo, sim, porém não significa que a mulher seja masoquista, mas que o masoquismo, como fenômeno, é feminino. O que Freud trouxe foi um além nesse gozo e o feminino nele posto, ainda que não explicitamente.

André (2011, p. 285) localiza esse ponto:

> É no cenário perverso do masoquismo que ele observa uma "expressão do ser mulher", e não no comportamento da mulher que ele encontra uma expressão do ser masoquista. A posição subjetiva do masoquista na sua fantasia é com efeito uma "posição característica da feminilidade", diz Freud, razão pela qual ele diz ter nomeado como "masoquismo feminino" este tipo de masoquismo.

O terceiro tempo, por fim, leva Freud a indagar-se a respeito de como, a partir de uma posição masculina, a menina se fará mulher, o que implicou pensar no "complexo de masculinidade", que não deixa de ser um paradoxo:

> Quando elas se afastam do amor incestuoso pelo pai, com o seu significado genital, abandonam com

> facilidade o papel feminino. Põem em atividade o seu "complexo de masculinidade" (Van Ophuijsen [1917] e, a partir de então, querem apenas ser meninos (Freud, 1995c, p. 206).

A importância do texto sobre a fantasia é o preciso ponto em que Freud estancou na análise das suas mulheres. Há algo de fora, que não pode ser apenas o recalcado. A partir desse texto, a questão que se coloca, e se colocará até o fim, é como a menina se orientará na sua vida sexual, já que sua fantasia, cicatriz do Édipo, a conduz a uma posição masculina, apontando para a masculinidade.

Para André, posta a problemática da resolução do Édipo nas meninas, abre-se uma via para se concluir, como Freud, que não é o sujeito que é perverso, o adulto, mas a fantasia, o que pode abrir o campo para que o sujeito, na idade adulta, venha escolher a perversão como modo de se posicionar diante do objeto, mas, de forma alguma, é um determinante disso. A questão é outra:

> Vê-se o espaço que começa a se esboçar: segundo esse raciocínio, no momento em que o Édipo é recalcado, a menina abandonaria sua feminilidade para se transformar em menino! [...] De fato, a partir de "Uma criança é espancada", todo o problema é saber como a menina pode se orientar corretamente na sua vida sexual, se sua fantasia, cicatriz do Édipo, a conduz a uma posição masculina, ou seja, lhe aponta a via da homossexualidade (André, 2011, p. 187-188).

Freud, na sua "Conferência XXXIII: Feminilidade", de 1932, chegou ao ponto nevrálgico da fantasia de sedução. Os relatos de suas histéricas que apontavam o pai como sedutor e que ele descobrira serem falsos, são tomados como fantasia de sedução pela mãe, tema que ele já havia desenvolvido em "Sexualidade feminina", de 1931.

Ali, ele foi enfático:

> A atividade sexual bastante surpreendente de meninas em relação à mãe manifesta-se cronologicamente em inclinações orais, sádicas e, por fim, até fálicas, dirigidas no sentido desta. [...]. Quanto aos

> impulsos passivos da fase fálica, é digno de nota que as meninas regularmente acusem a mãe de seduzi-las [...]. Quando a filha se afasta da mãe, transmite também ao pai sua introdução na vida sexual. Por fim, impulsos cheios de desejo, intensos e ativos, dirigidos no sentido da mãe, também surgem durante a fase fálica. (Freud, 1995h, p. 246-247).

Na *Conferência XXXIII*, Freud (1995i, p. 121) reafirma:

> Apenas mais tarde pude reconhecer nessa fantasia de ser seduzida pelo pai a expressão do típico complexo de Édipo nas mulheres. E agora encontramos mais uma vez a fantasia de sedução na pré-história pré-edipiana das meninas, contudo, o sedutor é regularmente a mãe.

Tudo isso a demonstrar que os efeitos deixados na mulher pela relação pré-edipiana permanecem por toda a vida e como uma relação demasiadamente amorosa com a mãe pode dificultar a entrada na feminilidade pela menina.

Note-se que Freud dividiu o mundo subjetivo em ter ou ser o falo; o primeiro, pertencente aos homens e o segundo, às mulheres. Trata-se da primazia do falo, criticada pelos pós-freudianos e revista por Lacan. Essa teoria emergiu no texto "A organização genital infantil", de 1923, em substituição à teoria anterior, formulada em 1908, em "As teorias sexuais infantis", segundo a qual as crianças "atribuíam a todos, inclusive às meninas, a posse de um pênis" (p. 196), constituindo este a principal zona erógena desde a mais tenra infância, Já no primeiro olhar do menino para a diferença sexual, imaginava ele que o pênis da menina ainda era pequeno, mas que cresceria conforme o desenvolvimento dela, crença não compartilhada pela menina, que, desde o mesmo primeiro olhar, interessa-se pelo órgão masculino, seguindo-se a inveja dele.

O que de relevante surge, no tocante à relação mãe-filha, é que, para a menina, nem todas as mulheres carecem dessa falta, apenas elas, já que à mãe não faltaria — mãe fálica. Somente mais tarde, com a questão advinda de como nascem os bebês e de que parir é função exclusiva da mulher, é que as meninas veem cair o falo da mãe. A castração, naquele primeiro momento, tem sentido de punição, e emerge o *penisneid*, ou inveja do pênis, versão das meninas para o complexo de castração, segundo Freud (1995i, p. 124):

> A menos que possamos encontrar algo que seja específico das meninas e não esteja presente, ou não esteja presente da mesma maneira nos meninos, não teremos explicado o término da vinculação das meninas à sua mãe.
>
> Acredito havermos encontrado esse fator específico, e, na verdade, no lugar em que esperávamos encontrá-lo, pois se situa no complexo de castração. Afinal, a distinção anatômica (entre os sexos) deve expressar-se em consequências psíquicas. Foi uma surpresa, no entanto, constatar, na análise, que as meninas responsabilizam sua mãe pela falta do pênis nelas e não perdoam por terem sido, desse modo, colocadas em desvantagem.

Do *penisneid*, Freud extrai a vaidade feminina e a vergonha. Acaso não venha de ser englobada no complexo de masculinidade, tido como uma formação reativa, a inveja do pênis terá quatro caminhos psíquicos a se espalhar: 1) sentimento de inferioridade, que decorre da ferida narcísica de não ter o pênis, conforme artigo de 1925, que enseja repulsa pelo sexo feminino ante a constatação de que a falta é de todas as mulheres, e não apenas dela; 2) sentimento de ciúmes, enquanto deslocamento do *penisneid*; 3) afastamento hostil da mãe, por também ser privada do pênis — vale pontuar que já se expressa a falta de significante para o sexo feminino, e a menina sente essa falta de signo, que sequer a mãe lhe pode dar, mas é um sentimento ambivalente porque a identificação com a mãe está lá desde a fase pré-edipiana; 4) afastamento das atividades masturbatórias. Não é demais lembrar que Freud toma essa atividade como masculina por excelência e sua cessação como mais importante consequência do *penisneid*, ao fazer a menina se afastar de sua masculinidade.

Para Serge André, a mulher tem ciúmes de outra mulher como teria de um homem, por supor que a outra possui o traço que lhe falta, um quê que a faz ser amada. À ausência de significante próprio, as mulheres não cessam de rastrear esse quê ou símbolo em outras mulheres, que as faz captar o desejo do outro, ser amadas pelo outro (2011, p. 209).

Freud toma esse cessar a masturbação do clitóris como precursor daquilo que, na puberdade, permitirá à menina o afastamento de sua masculinidade. Até "Algumas consequências psíquicas da Diferença Anatômica entre os Sexos" (1925), Freud designa esses efeitos como pré-edípicos; somente após esses — intitulados "perturbações" — é que a menina entraria propriamente no Édipo, voltando-se ao pai.

Ainda em André (2011, p. 207-208) encontramos um dissecar da questão:

> A pré-história do Édipo feminino recobre a ação deste complexo de castração na relação da filha com a mãe. A inveja do pênis emerge quando a menina vê o traço identificatório do sexo de seu pai, e que lhe abre o caminho ao complexo de masculinidade, não deixa de ter consequências sobre a maneira pela qual a menina considera seu primeiro objeto, a mãe, nem sobre o julgamento que ela forma a respeito de seu próprio corpo.

Contudo, há um traço de discordância fundamental apontado do ponto de vista de André (2011, p. 337): "A feminilidade, na elaboração de Lacan, não é recalcável, a não ser que passe pela via da mascarada". Uma vez que Freud situa, na análise de suas histéricas, o caminho para o enigma da sexualidade feminina no recalque da inveja do pênis, dando a elas um parceiro que reduza a esse recalque seus discursos, tomado por sexual estruturado pelo conceito de falo e pelo complexo de castração, o tratamento reduz-se ao registro do recalcado. Se pode tal interpretação surtir resultado, não se discute, não obstante seja impróprio reduzir a feminilidade a um enigma que apenas nos confronte com o recalcado.

> Só o significante pode ser recalcado. E se a Mulher não existe, para retomar a fórmula de Lacan, se o significante da feminilidade faz falta, deve-se deduzir daí que a feminilidade não pode fazer parte do recalcado: alguma coisa ali é impossível de recalcar (André, 1986, p. 336).

Vamos, então, ao Feminino em Lacan.

1.2 FEMININO E MÃE EM LACAN

Eu sou a desintegração.

(Frida Kahlo)

Em Lacan, a Feminilidade e a Mãe ocupam outro lugar: "A mulher" não é a mãe.

Enquanto Freud distinguiu três derivações possíveis da inveja do pênis, e somente a maternidade seria a solução dita "normal" — o que significa, em última análise, dizer que a mulher se define pela via de sua parceria com o homem e que a falta fálica é o núcleo do ser feminino —, Lacan subverte.

O feminino é uma descoberta por caminho sempre único, razão pela qual não existe "A Mulher", pois são elas contadas uma a uma, não fazem conjunto, não fazem "Um", não podem sofrer negativação única. Também por esse mesmo raciocínio, não há homossexualidade feminina, já que uma mulher não é similar à outra. Isso é Lacan.

Para Lacan, a maternidade não é um nome da feminilidade, porque é no registro do não toda submetida ao falo que uma mulher se constitui.

Com efeito, podemos falar de dois — alguns autores elencam três — ensinos de Lacan, mas o certo é que, para ele, o feminino é uma posição em relação ao desejo e ao gozo.

No primeiro ensino, em que Lacan toma o inconsciente como estruturado tal qual uma linguagem, há uma aposta na preponderân-

FEMINILIDADE E MATERNIDADE:
CONSIDERAÇÕES SOBRE A DEVASTAÇÃO NA RELAÇÃO MÃE E FILHA HOMOSSEXUAL

cia do simbólico; o feminino é tratado a partir de sua posição diante da castração, da falta de significante e de um desejo para sempre insatisfeito, e o gozo é o não todo fálico, dado sua insubmissão total à lógica fálica de que tratou Freud.

O chamado, segundo Lacan, a seu turno, em seu *Seminário 20: mais, ainda* (2008), traz a questão da fórmula da sexuação, apontando que a mulher não faz "Um", por isso não pode ser reunida em um conjunto de iguais. Daí a noção de um gozo suplementar, que está para além do gozo fálico, sem dele prescindir. É esse o mote de "Do Gozo", texto de 1972, inserido no *Seminário 20: mais, ainda...*

> É claro que o que aparece nos corpos, com essas formas enigmáticas que são os caracteres sexuais – que são apenas secundários – faz o ser sexuado. Sem dúvida. Mas, o ser, é gozo do corpo como tal, quer dizer, como assexuado, pois o que chamamos de gozo sexual é marcado, dominado, pela impossibilidade de estabelecer, como tal, em parte alguma do enunciável, este único Um que nos interessa. O Um da relação sexual.
>
> É o que demonstra o discurso analítico, no que, para um desses seres como sexuados, para o homem enquanto que provido do órgão dito fálico – eu disse dito -, o sexo corporal, o sexo da mulher – eu disse da mulher, embora justamente não exista a mulher, a mulher não é toda – o sexo da mulher não lhe diz nada, a não ser por intermédio do gozo do corpo.
>
> [...]
>
> E que não me falem dos caracteres sexuais secundários da mulher, porque até nova ordem são os da mãe que primam nela. Nada distingue a mulher do ser sexuado senão justamente o sexo.
>
> Que tudo gira ao redor do gozo fálico, é precisamente o de que dá testemunho a experiência analítica, e testemunho de que a mulher se define por uma posição que apontei com o não-todo no que se refere ao gozo fálico (Lacan, 2010, p. 12-14).

Collete Soler (2006, p. 27) resume com maestria a questão posta:

> Na verdade, há duas etapas nas elaborações de Lacan sobre essas questões. A primeira, a mais freudiana, situa-se nos anos em torno de 1958, durante os quais ele produziu "A significação do falo" e suas "Diretrizes para um Congresso sobre a sexualidade feminina". Em seguida vêm as teses mais manifestamente inovadoras dos anos 1972-73, com o "O Aturdito" e o seminário "Mais Ainda".

A questão que se coloca é que, de fato, uma mulher pode definir-se pela maternidade e ali, naquela criança, que é seu falo no dizer freudiano, estabelecer sua constituição subjetiva.

Penso que poder, até pode, mas as consequências subjetivas serão ainda mais complexas e deletérias, como veremos ao longo deste trabalho.

Sobre a feminilidade, Lacan vai abrir um caminho, em "Diretrizes para um Congresso sobre a sexualidade feminina" (2010c), para a existência de outro gozo feminino, ou da mulher para além da lógica fálica, aquela que não é submetida por inteiro à lógica fálica, tese que ele desenvolveu em seu *Seminário 20: Mais ainda* (2008, p. 84-95) em "Letra de uma carta de almor" e em "O Aturdito", texto publicado em *Outros escritos* (2001, p. 448-449). A existência desse outro gozo, que seria o próprio do feminino, em que a pulsão não está por inteiro mediada pelo falo, leva-nos a concluir que a maternidade pode não fazer par com o falo.

Com Lacan, a mãe ocupa o lugar do grande Outro, constituindo o sujeito, ao lhe inscrever na linguagem e ao depositar sobre ele seu próprio desejo: "que não seja anônimo", como explicitado em "Nota sobre a criança" (1969), texto igualmente incluído em *Outros escritos* (2001, p. 369).

Contudo, a tecelagem que Lacan faz da mãe é constituída em vários momentos de sua obra.

Não é demais extrair, já no *Seminário 4* (2010, p. 182-189), que trata da relação sujeito/objeto, em "O falo e a mãe insaciável"

(1957), fortes menções à mãe em Lacan, na constituição do sujeito e mesmo no restabelecimento da função do pai, o pai lacaniano.

> A etapa crucial se situa logo antes do Édipo, entre a relação primeira de que eu parti hoje e que fundamentei para vocês, a da frustração primitiva, e o Édipo. Esta é a etapa em que a criança se engaja na dialética intersubjetiva do engodo! Para satisfazer o que não pode ser satisfeito, a saber, esse desejo da mãe que, em seu fundamento, é insaciável, a criança, por qualquer caminho que siga, engaja-se na via de se fazer a si mesma de objeto enganador. Este desejo que não pode ser saciado, trata-se de enganá-lo. Precisamente na medida em que mostra a sua mãe aquilo que não é, constrói-se todo o percurso em torno do qual o eu assume sua estabilidade.

Soler (2006, p. 89-90) bem traduz a posição lacaniana sobre a mãe:

> Prescindir do pai, dizia Lacan, sob a condição de servir-se dele. Da mãe, parece que também é possível prescindirmos, ou querermos fazê-lo, ou até devermos fazê-lo, o que já indica a dissimetria, mas sob a condição de que primeiro ela tenha servido, pelo menos para a produção do corpo. [...] Quanto a Lacan, de início chamou atenção para o desejo dela. O que equivale a dizer que ali, onde havia surgido a mãe do amor, ele invocou a mulher. E a mulher para ele foi primeiro, a mulher do pai, aquela que se inscreveu em sua escrita de metáfora paterna, assim retornando a um Édipo freudiano racionalizado em termos de linguagem. Mas Lacan não se deteve nisso, como sabemos: foi além do Édipo, onde situou uma mulher barrada, outra, não toda ocupada com o homem ou o filho dessa vez.

Desse postulado, compreende-se que a metáfora paterna, tão explorada por Lacan com o "Nome-do-Pai", é introduzida pelo desejo da mãe e somente a ela cumpre esse papel. Também é a ela que sobra o que de resto do desenvolvimento subjetivo fica.

Porém, Lacan chega à mãe com a mulher e seu desejo, desejo de uma mulher, barrada desde sempre.

> O sexo feminino permanece sempre *unentde-ckt*, não descoberto, como diz Freud, e isso nos dois sentidos, próprio e figurado, do termo. Essa falta de identidade só deixa, como via possível à identificação feminina, a identificação à mãe. Mas, precisamente, "maternidade" não é "feminilidade" e, de resto, a identificação à mãe é fundamentalmente ambivalente, já que a mãe é também privada de pênis, e, portanto, essencialmente desvalorizada para a filha (André, 2011, p. 209-210).

Na sua teorização sobre o Outro, em que a constituição do sujeito passa pelos processos de alienação — ao significante — e separação — falta —, a mãe é o primeiro grande Outro.

Diz Lacan, no *Seminário 5* (2010, p. 188), que a subjetivação implica colocar a mãe na posição de ser primordial, que pode ou não estar presente. A natureza que a mãe toma de ser essencial para a criança é o que demonstra que o desejo do sujeito, já naquele momento, não é apenas apetite de cuidados. É nesse momento, em que a criança deseja o desejo da mãe, uma simbolização, que ali ela, criança, opera. A partir daí surgem todas as ditas "complicações" na simbolização precisamente porque o desejo da criança é o desejo do desejo da mãe.

Para Malvine Zalcberg (2003, p. 35), a constituição do sujeito, nesse aspecto, é bastante diferenciada nas meninas:

> Em a "Significação do Falo", Lacan situa bem a mãe como primeiro agente de privação, o pai sucedendo. Retornando esta questão em outros termos, Lacan nos falará sobre a dificuldade da menina em aceitar que a mãe não possa lhe fornecer um símbolo de sua identificação feminina, exatamente porque tal símbolo é inexistente [...]

Diferentemente de Freud, para Lacan, a castração é semelhante para menino e menina, por ambos perderem o que mais importante tinham: a mãe. Castração, em Lacan, faz a distinção entre o falo, simbólico, e a imagem de corpo, estádio do espelho. A mãe, com seu olhar sobre a criança, dá consistência de Eu.

É preciso aqui abrir um espaço para a proposição lacaniana do Édipo (2010b, p. 185-203) e da metáfora paterna (2010b, p. 166-184), trazidos em seu *Seminário 5* (2010). O primeiro é dividido em três etapas, para que compreendamos os três registros da falta de que nos fala Lacan, que são de importância ímpar na compreensão da função materna: a privação, a frustração e a castração.

Em sua releitura de Freud, Lacan aborda o Édipo constituidor do sujeito, de modo que desejo e falta centralizam-se na essência da condição humana. A partir das relações com o campo do Outro e com a barreira simbólica da castração, Lacan propõe o desenrolar do Édipo em três tempos.

No primeiro, enquanto o filho identifica-se com o falo materno como o objeto único de preenchimento da falta — que, repito, é estrutural —, situa-se a indistinção mãe-filho, excluindo-se quer o pai real, quer o simbólico, conquanto sua sombra ali esteja, por trás do véu, circulando como significante por meio do discurso da mãe.

No segundo tempo, a lei da interdição é introduzida pelo terceiro/pai, expondo a criança à sua própria falta. É nesse momento que o lugar ou significante, como queiram, Nome-do-Pai se instaura e permite a constituição do sujeito, assumindo o lócus precisamente de significante do desejo materno. Dito de outro modo, ao separar a criança do devorador desejo materno que localiza no indistinto fusional, lhe confere os recursos e condições de ser desejante, falante, sujeito.

No terceiro e último tempo identificado por Lacan, a primordial questão ser/não ser o falo, que habitou até então a criança, transmuda-se em ter/não ter o falo. Na cadeia de significantes, tendo o falo aqui natureza simbólica ou metafórica, resta, então, instalada a função simbólica do pai, figura investida como Ideal de Eu.

É a partir daí que o sujeito surge como ser desejante — requisito primordial da figura do sujeito lacaniano, ou seja, é da função paterna a tarefa de introduzir o sujeito na castração simbólica, nem tudo pode, nem tudo sou —, barrando a invasão indiscriminada do Outro em seu gozo totalitário.

Dito de outro modo, o lugar/a função Nome-do-Pai é aquela que constitui o sujeito como desejante, a partir do seu encontro com a falta primordial, a falta desde sempre, o buraco que não é e nem nunca será preenchido.

Já no *Seminário 4*, Lacan (2010) trazia a distinção dos três registros da transmissão da falta que se articulam para a formação do sujeito.

A privação, incidente de modo diferente para mãe e criança, põe aquela como privada do representante do objeto de seu desejo — objeto simbólico. Esta é privada de um objeto real de satisfação.

Lacan aponta que nesse momento é preciso que a criança seja capaz de simbolizar o real: "A privação está no real, completamente fora do sujeito. Para que o sujeito apreenda a privação, é preciso inicialmente que ele simbolize o real" (2010, p. 55).

A frustração, referida à primeira idade, dá o fundamento necessário ao Édipo, conquanto seja localizada nos traumas, nas fixações e impressões da fase pré-edipiana, e introduz a questão do real. Duas vertentes ela desenha, que permanecerão reunidas ao longo da vida do sujeito: o objeto real e o agente da falta, que é a mãe. Há, aqui, a transformação do objeto real, seio materno, em objeto de dom, outras insígnias significantes que levam a criança ao mundo simbólico. "O objeto vale como o testemunho do dom da potência materna" (Lacan, 2010, p. 69). A criança, nesse momento, vive satisfeita em seu papel de engodo à mãe, até que a desarmonia é instalada.

A castração, por fim, como ameaça, "[...] é a intervenção real do pai" (Lacan, 2010, p. 178) e, como operação, é a intervenção do pai real na relação aparentemente dual da mãe com a criança — aparentemente porque o falo, objeto imaginário, já estava ali. Trata-se de um ato simbólico operado por um agente real, pai ou mãe, sob um objeto imaginário. Lacan (2010, p. 178) alerta: "O que o pai proíbe? Esse foi o ponto de que partimos ⬛ ele proíbe a mãe. Como objeto, ela é dele, não é do filho".

Voltemos à mãe.

Em todas essas faltas — privação, frustração e castração —, a mãe tem papel fundamental, seja na tríade mãe-criança-falo, privação e frustração, seja na entrada do pai — castração.

Afirmar que a mulher não é a mãe é de uma potência ímpar, por dar-lhe um lugar para além da dialética fálica, ainda que chamado de "não lugar".

Mais uma vez, Soler (2006, p. 35) esclarece a questão:

> O filho decerto é um objeto *a* possível para uma mulher, só que decorre da dialética fálica de ter, que não lhe é própria, e só raramente satura o desejo sexual: o ser propriamente feminino situa-se em outro lugar.
>
> Entre a mãe e a mulher existe um hiato, aliás muito sensível na experiência. Às vezes, o filho fálico é passível de tamponar, de silenciar a exigência feminina, como vemos nos casos em que a maternidade modifica radicalmente a posição erótica da mãe. No essencial, porém, o dom do filho só raramente permite fechar a questão do desejo. O filho, como resto da relação sexual, realmente pode obturar em parte a falta fálica na mulher, mas não é a causa do desejo feminino que está em jogo no corpo a corpo sexual.

Lacan, retomando Freud, perfurou aquele rochedo da castração, ao lançar luz no simbólico da lei que incide sobre os sujeitos que, "por sorte", escaparam da psicose. A importância da mãe, nesse ponto, foi trazida ao grau superior: uma menininha espera de sua mãe não apenas o significante da castração, enquanto primeiro grande Outro, como também o significante do feminino. E é aqui que chamamos atenção: para o feminino não há significante. Existir significante, em Lacan, tem sentido de inscrição no inconsciente.

O autor cunhou a expressão "não toda" para designar que a mulher é não toda submetida ao gozo fálico. Para além desse, há algo que só ao feminino concerne. O gozo além fálico é um espaço de existência subjetiva em que a lógica fálica não dita as regras, não se sobrepõe. Mais que o não dito, o indizível. Daí afirmou que uma menina espera de sua mãe muito mais que de seu pai: a transmissão da castração e a transmissão da feminilidade.

Tratando da passagem de Freud a Lacan, no que concerne ao Édipo da menina, Zalcberg (2003, p. 35) esclarece:

> Nas águas da castração, a menina nada como peixe, acredita Freud inicialmente. Não era bem assim e Freud o compreenderá: a menina não lida com facilidade com a questão da castração que ele atribuía à falta de pênis, a suscitar-lhe a inveja do menino que o possui. Mas como Lacan desenvolverá, não se trata propriamente da falta de um órgão e sim da falta de um símbolo específico da sexualidade feminina. Esse é um dos aspectos fundamentais da questão da mulher: o efeito causado nela pela falta de um símbolo específico de seu sexo, como o falo o é para o homem.

Mais adiante indica o ponto de discordância com o qual se debateu tanto Freud, qual seja: como se identificar com o objeto rejeitado?

> Ter a mãe como polo de identificação faz a menina, inclusive, hesitar em reconhecer a falta na mãe: a esta atribui um órgão masculino. Futuros desenvolvimentos da psicanálise indicarão como a menina, marcada pela falta de um símbolo específico para o seu sexo, espera de um outro, a começar pela mãe, que lhe forneça um (Zalcberg, 2003, p. 36).

Ocorre que nem a mãe pode.

Nem mesmo a mãe freudiana podia.

Não estamos tratando, à evidência, da falta do pênis, mas de um símbolo que represente o feminino.

FEMINILIDADE E MATERNIDADE:
CONSIDERAÇÕES SOBRE A DEVASTAÇÃO NA RELAÇÃO MÃE E FILHA HOMOSSEXUAL

A mãe em Lacan, sendo o primeiro Outro, é mediadora da função do Nome-do-Pai e, por que não dizer, que a teorização sobre este acaba por teorizar aquela também? Em "Nota sobre a criança", texto inserto em *Outros Escritos* (2001, p. 369-370), Lacan indica o interesse particularizado da mãe como constituidor do sujeito. Desejo, lugar no inconsciente. É a mãe, como cuidadora, que interpreta e dá sentido ao que o sujeito ainda não tem. "O estádio do espelho como formação da função do eu", tal como nos é revelada na experiência psicanalítica" (1949), também em *Escritos*, é peça chave a demonstrar a função constituinte da mãe.

Enquanto alienado no gozo da mãe, o sujeito é objeto; para que ascenda à condição de sujeito desejante, é necessário, mais que ocupar um lugar no inconsciente materno, que esta mãe seja barrada e que pontue sempre a falta estrutural, não eliminando a demanda da criança.

Quando Lacan teoriza sobre o Outro, no *Seminário 11* (2010), e indica sua alienação da linguagem — uma alienação que é estrutural —, vemos claramente que esse lugar da criança já existe antes de seu nascimento e que o sujeito não existe fora da linguagem. Lacan aponta duas operações, alienação e separação, para a constituição do sujeito. Parando na primeira, o sujeito fica alienado no Outro, que primordial é o materno; a segunda marca a falta no Outro, aí estamos diante do Outro do desejo que é indizível.

Malvine Zalcberg (2003, p. 67) delineia o que ocorre:

> A nomeação do desejo da mãe pelo pai liberta a criança da condição alienante de continuar sendo, ilusoriamente, o objeto de desejo da mãe, mas, ao mesmo tempo, confronta-a com a sua questão sobre seu ser; a identificação fálica propiciava-lhe alguma identificação, embora ilusória. O pai, em sua função fálica, confronta a criança com a perda de ser o falo da mãe.

Sobre o processo lacaniano de constituição do sujeito, alienação/separação, a autora reforça a diferença nas meninas:

> Embora a articulação alienação-separação seja básica na constituição do sujeito nos dois sexos, constata-se ela apresentar modulações peculiares no caso da mulher. Pela ligação particular que a filha desde menina estabelece com a mãe, ela mais facilmente continua, de certa forma, alienada no desejo da mãe. É essa espécie de alienação ao desejo do outro materno que traz dificuldade para uma filha separarse da mãe, erigindo um desejo próprio, podendo ser dito seu (Zalcberg, 2003, p. 67).

Lacan aborda a mãe a partir da relação com sua castração para apontar que a falta de harmonia da relação daquela com a criança deve ser preliminar a todo tratamento desta. Ao tratar das fórmulas da sexuação e afirmar que "a mulher não existe" e que "não existe relação sexual", o autor abriu caminho para desvincular a mãe da mulher e pensar na feminilidade em outro nível.

Se Freud observa que a criança, como falo da mãe, saturava-a, para Lacan algo permanece irredutível, ainda que advenha a maternidade. Enquanto em Freud a mãe recebe algo como substituto fálico, que é a criança, a mãe lacaniana, para além do amor, é vista pelo desejo que não pode ser saturado apenas pela criança. Há que se ter algo a mais, e uma mulher isso busca desde sempre.

Destaque-se que afirmar a maternidade a partir do desejo da mãe implica perscrutar o inconsciente feminino, lugar do desejo.

No que concerne à maternidade, o desejo materno, inteiramente investido na criança, para sempre a esta aliena e lhe dá o destino de ser daquela (mãe) objeto. A mediação, evidentemente, é feita pelo pai.

A mãe lacaniana, vista pelo seu desejo, é devoradora.

> O papel da mãe é o desejo da mãe. É capital. O desejo da mãe não é algo que se possa suportar assim, que lhes seja indiferente. Carreia sempre estragos. Um grande crocodilo em cuja boca vocês estão - a mãe é isso. Não se sabe o que lhe pode dar na telha, de estalo fechar sua bocarra. O desejo da mãe é isso (Lacan, 1991, p. 105).

FEMINILIDADE E MATERNIDADE:
CONSIDERAÇÕES SOBRE A DEVASTAÇÃO NA RELAÇÃO MÃE E FILHA HOMOSSEXUAL

Serge André (2011, p. 211) questiona a natureza dessa "substituição": do amor pela mãe ao amor pelo pai, operada pelas meninas em seu Édipo: "A partir daí Freud não cessará de se chocar com a questão de saber se essa passagem da primeira para a segunda fase do Édipo feminino comporta realmente alguma coisa da ordem de uma metáfora".

Prossegue:

> Pois a problemática feminina, ele vai constatá-la cada vez mais claramente, não é, no fundo, outra coisa se não o retorno inelutável da relação antiga com a mãe. Tudo se passa na realidade como se, para a menina, o pai nunca substituísse completamente a mãe, como se fosse sempre esta última que continuasse a agir através da figura do primeiro. Em outras palavras, coloca-se a questão de saber se o que Freud constrói com essas duas fases do Édipo feminino provém da metáfora ou da metonímia (André, 2011, p. 212).

Vemos que, com a metáfora, outro significado é produzido, e a passagem do pênis ao bebê mais parece uma metonímia, um deslizamento. Ainda segundo André (2011), a maternidade seria um "contentamento de fachada", óbice à feminilidade que o próprio Freud vai esbarrar ao perceber que o retorno à relação ambivalente à mãe se dá durante toda a vida da filha.

Por fim, o tratamento que Lacan dá às fantasias de espancamento, ainda no *Seminário 4: A relação de objeto* (2010), mais especificamente, buscando a lógica da fantasia, no *Seminário 14: A lógica do fantasma* (1966-1967), deixa clara a lógica da fantasia, tomando-a como estruturante do sujeito, o que nos leva a concluir que o universo do discurso não é suficiente para dar conta de todo o real.

Na leitura lacaniana das fantasias de espancamento trazidas no texto de Freud (1919), logo de início, aponta Lacan o tema do sadomasoquismo trazido, não sem um traço de vergonha ou acanhamento, pelos pacientes em suas narrativas. Lacan introduz a oceânica distância entre o uso fantasístico das imagens e sua formulação em palavras. É o reencontro com a origem da fantasia que o autor busca. Escande, então, os três tempos apontados por Freud. O primeiro — constituído de sentido e do qual participam três personagens, tratando-se em especial do pai — mostra uma frustração da menina após constituído o complexo de Édipo e seu medo, mas culmina na pretensão de saber-se privilegiada, menina sujeito central como expressão de seu desejo de ser preferida e amada; fantasia estruturada e dotada de intersubjetividade. O segundo, redução do primeiro, com apenas dois personagens, leva-o a perguntar "em que medida o sujeito participa da ação daquele que o agride e golpeia", fantasia sadomasoquista, reconstruída apenas em processo de análise, denota uma relação ambígua, porque dual, mas encarnada de reciprocidade. No terceiro, o sujeito encontra-se na posição de mero observador, dessa feita uma fantasia dessubjetivada, enquanto índice de indeterminação do sujeito, mostra traços vagos da função paterna, "mas em geral o pai não é reconhecível, não passa de um substituto".

Ora, a falta do objeto é precisamente o que interessa à Psicanálise, porque é ela que torna certa a castração, e o falante torna-se o sujeito de discurso. Com essa leitura da fantasia, Lacan indica que é a lógica do sujeito, sua invenção ante a castração do Outro, nas operações de alienação e separação, ambas incompletadas durante a vida.

E o que isso nos interessa?

A metáfora paterna, segundo Soler (2006, p. 76, 78), é a operação por excelência que une significante e significado, isto é, o Nome-do-Pai funciona como um início de resposta para a ausência de significante no Outro, e essa resposta é o falo como significação e como significação do ser fálica.

Ao definir a posição feminina como não toda submetida à lei do inconsciente, Lacan introduziu um mais além do Édipo, lugar que é não lugar e é irredutível a palavras, apontando aí o que de mais próprio ao Feminino há.

Soler, na mesma direção, discorre que o filho — aqui, sem distinção biológica — pode, sim, ser o "objeto a"[4] (2006, p. 35) pos-

---

[4] O conceito de "objeto a" foi formulado por Lacan no *Seminário 4: a relação de objeto*, em oposição ao conceito de "coisa" em Freud, para representar um objeto perdido que causa desejo e falta no sujeito desde sua constituição.

sível para uma mulher, mas é uma equação igualmente relacionada à lógica fálica, da qual Lacan se afastou no seu segundo ensino. É dizer: ter um filho permanece sendo produto de uma dialética fálica do "ter", e nada diz sobre o outro gozo, sobre o ser propriamente feminino que se situa em outro lugar.

Há, segundo Soler, um hiato entre a mãe e a mulher, podendo o filho ou filha tamponar a demanda feminina infinita, como ocorre quando a posição erótica da mulher modifica-se radicalmente após a maternidade. No entanto, a questão do desejo feminino que lhe é próprio não é ordinariamente encerrado pelo dom da maternidade. Se o bebê em Lacan é resto da relação sexual, vai, eventualmente, apenas em parte obturar aquela falta fálica da mulher, mas no corpo a corpo sexual não é a causa de desejo que se enreda.

Prossegue Soler (2006, p. 35), a partir de sua leitura de "A significação do falo" (1958), em *Escritos* (Lacan, 2008, p. 692 e seq.):

> É que não basta dizer que ela se presta ao desejo do Outro, resta ainda interrogar o desejo que sustenta esse consentimento.
>
> [...]
>
> Em resumo, portanto, na medida em que o gozo da copulação é "articulado por um mais-de-gozar", causa do desejo, se é o objeto a da fantasia que desempenha esse papel para o homem, para a mulher é o semblante fetichizado tirado do parceiro. Dessa primeira dissemetria resulta uma segunda: para o homem, a parceira fica sendo o Outro absoluto, ao passo que, para a mulher, ele se torna um amante castrado.

Portanto, mais que o reducionismo do primado do falo freudiano, Lacan deduz um desejo específico feminino, ao qual a mascarada — semblante da mulher ao outro gozo — só permite acesso através de um véu.

Em brevíssimas palavras, pode uma mulher utilizar-se de um bocado de signos para, fazendo-se parecer, sustentar a ausência de significante do feminino no inconsciente. Isto é a mascarada, dissimulações que escondem a falta estrutural, muitas vezes identificada como o ser feminino em si.

Sobre semblantes, véu e mascarada, nos permitimos tratar mais adiante nesta obra.

Retornando ao tema mulher-mãe, para além do Édipo, nos servimos de Lacan. Em "Nota sobre a criança", em *Escritos* (2010e, p. 369-370), ao tempo em que o autor indica que a criança é o sintoma da família parental, afirma que essa família transmite algo para além das necessidades biológicas. Formula que há que se ter, da mãe, um desejo que não seja anônimo. A mãe não só introduz o pai, mas também abre o campo do desejo do sujeito a partir de seu próprio desejo, "nem que seja através de suas faltas" (Lacan, 2010e, p. 370).

A criança, a seu turno, é falada desde antes de nascer, não constituindo, de modo algum, um todo amorfo antes da intervenção efetiva materna, enquanto pequeno outro.

A mãe, a seu turno, é a que fala e é falada; não importa sua atitude, será sempre um enigma insondável para a criança, objeto de queixas mais que de dádivas, ainda que ambas estejam articuladas ao amor.

Soler (2006, p. 91) pontua:

> Uma coisa é fato: da mãe que se fala à mãe que fala, a distância é grande. A primeira é objeto, vista pelo prisma da fantasia do falante. A segunda é sujeito, eventualmente analisanda e, como tal, às voltas com a divisão do falasser (parlêtre). O problema todo, por conseguinte, é apreender, em cada caso, "por que caminhos passam as fantasias, para ir da mãe ao filho", porque não se deve duvidar de que as fantasias que ela suscita devem algo de sua própria subjetividade, a sua falta e a sua maneira de obturá-la.

2

DA RELAÇÃO MÃE-FILHA

FEMININA

- Ô mãe, me explica, me ensina, me diz o que é feminina?
- Não é no cabelo, no dengo ou no olhar, é ser menina
por todo lugar.
- Então me ilumina, me diz como é que termina?
- Termina na hora de recomeçar, dobra uma esquina no
mesmo lugar.
- E esse mistério estará sempre lá?
- Feminina menina no mesmo lugar.

(Joyce)

É desse resto do Édipo feminino — o mais além — que se pode afirmar a particularidade da relação mãe-filha, ambas inseridas nesse campo não alcançado pelo falo.

Dito de outro modo e acompanhando os ensinamentos de Lacan, quando Freud deixa em aberto que a identificação viril da menina ao pai, resultante do Édipo, não encerrava esse complexo, por só fornecer a ela a identificação masculina, e não a feminina, é que emerge o "resto" do Édipo, que Lacan considerou de suma importância. É exatamente nesse resto que se localiza a especificidade da relação mãe-filha.

Quem sabe, não teria sido tão preciso Freud (1995i) ao dizer que uma mãe só se teria verdadeiramente realizado com a vinda de um filho homem?

A diferença na reação da mãe ao nascimento de um filho ou de uma filha, mostra que o velho fator

> representado pela falta pênis não perdeu, até agora, a sua força. A mãe só obtém satisfação sem limites com seu filho menino; este é, sem exceção, o mais perfeito, o mais livre de ambivalência de todos os relacionamentos humanos (Freud, 1995i, p. 132).

Ousamos questionar: menos ambivalente sim, porém mais satisfatório, é outra questão.

Ora, se é do feminino que se fala, não seria mais lógico pensar que dar à luz a um ser feminino, biologicamente, que traz à mulher a questão sempre a se constituir que é do seu próprio ser? E se uma mulher está sempre reatualizando sua constituição feminina, a filha não traz a contiguidade possível ou um enigma importante?

Fica a questão.

Ainda em André (2011, p. 214), observamos que a metáfora paterna sofre limites na menina, precisamente porque, se o Nome--do-Pai visa introduzir a menina na lei do falo e se ela não é inteiramente a esta submetida, "o resultado é que a significação induzida pela metáfora paterna fica sempre incompleta, insuficiente para atribuir a um sujeito seu lugar de mulher".

Certo é que, para tratar da relação mãe e filha, é imprescindível abordar os efeitos psíquicos da relação pré-edipiana apontada por Freud. André (2011) bem resume esse ponto:

> Como devemos avaliar hoje o termo "pré-edipiano" pelo qual Freud qualifica essa relação primária com a mãe? Como apreender essa relação melhor, senão aproximando-a daquela que liga a criança ao primeiro Outro, o Outro materno, aquele que Lacan apresenta como ainda não desdobrado ou dividido pelo lugar da lei?
>
> [...]
>
> Não se trata, é claro, de sustentar que as meninas não sejam sujeitas à metáfora paterna – o que equivaleria dizer que as mulheres são psicóticas. Mesmo assim, alguma coisa dessa ordem se produz. O pai não se

impõe verdadeiramente como metáfora no destino feminino, ou, mais exatamente, a filha é não toda assujeitada a essa função de metáfora. Para ela, a instância paterna não faz desaparecer, não condena ao esquecimento o primeiro Outro materno. Parece que é antes enquanto sempre suscetível de se reduzir a uma metonímia da mãe que o pai encontra seu lugar no Édipo feminino, reencontrando assim o estatuto que era inicialmente seu: "Na verdade, durante esta fase, o pai não representa grande coisa para a menina, senão um rival importuno, mesmo que a hostilidade contra ele jamais atinja o grau daquela que caracteriza o comportamento dos meninos para com seus pais", escreve Freud.

Se entendermos a contradição, para as meninas, entre os pretendidos efeitos da metáfora paterna — afastamento da mãe e tomar o pai como objeto de amor — e a posição na qual ela se encontra no seu Édipo — identificação com ser feminino —, vamos localizar a dificuldade inerente a rejeitar a mãe como objeto de amor e, ao mesmo tempo, preservar sua identificação com este mesmo "objeto a" ser rejeitado.

Não poderia, portanto, ser harmoniosa a relação mãe-filha. Lacan já apontava o que resta do Édipo feminino como inalcançável por palavras. Indo adiante, a mulher, ao tornar-se mãe, concretiza o objeto faltante e se revela devoradora, insaciável, sem lei, ao menos no primeiro tempo do Édipo da criança. O resíduo que sobra da operação do Édipo feminino não é assimilável. A cada mulher competirá se situar como filha e, às vezes, como mãe. O certo é que, na justaposição de ambas, algo de devorador se dá.

A imagem que Lacan (1991) produz desse desejo insaciável da mãe é a de uma bocarra de um crocodilo, que só não se fecha pela mediação do falo que, aí, salva a criança da alienação e a põe em relação com o mundo e a produção de questões e, eventualmente, a respostas para a realidade que a circunda. É evidente tratar-se de respostas temporárias e forjadas, introduzidas pela metáfora paterna que, como vimos, também tem seu espaço aberto pela mãe e por ela deve ser "permitida".

Retornando um pouco, para melhor compreensão da problemática, dois anos após "A Organização genital infantil" (1923), em que Freud traz a ideia de primazia do falo e a ideia de falta, em substituição à inveja do pênis ou ao medo da castração que ele introduzira em "As teorias sexuais infantis" (1908), vem à tona "Algumas consequências psíquicas da diferença anatômica entre os sexos" (1925), em que o autor diferencia os efeitos da primazia do falo em cada um dos sexos.

Para André (2011, p. 204): "Se é mesmo o falo que menino e menina descobrem, respectivamente, no sexo anatomicamente oposto, esta descoberta se inscreve no registro da falta para o menino e no registro do véu para a menina."

E prossegue sobre essa problemática:

> O ingresso na problemática da castração ocorre para ambos, mas não no mesmo nível. A anatomia não suscita o mesmo tipo de resposta num e noutro; eles refutam a diferença demonstrada por ela, cada um a seu modo.
>
> [...]
>
> O instante de ver a diferença inaugura para o primeiro um tempo infinito de compreender ao passo que, para a segunda, parece se conjugar imediatamente com o momento de concluir. O complexo de masculinidade da menina se apoia nessa olhadela inicial e se desenvolve segundo duas vertentes, a da esperança e a da denegação: esperança de obter um dia, como recompensa, esse pênis que a faria semelhante aos homens; denegação pela qual se recusa a reconhecer sua falta e se obstina na convicção de que o tem assim mesmo, obrigando-se a se comportar como se fosse um homem (André, 2011, p. 173).

As particularidades do Édipo feminino, a relação pré-edipiana supervalorizada e a ausência de significante próprio à mulher influem, sim, na relação mãe e filha, tornando-a um tesouro de significações e

FEMINILIDADE E MATERNIDADE:
CONSIDERAÇÕES SOBRE A DEVASTAÇÃO NA RELAÇÃO MÃE E FILHA HOMOSSEXUAL

efeitos que a ambas afetará de modo particular. Conquanto se possa afirmar a assimetria da relação, não há óbice a subvertê-la, dada a complexidade da questão feminina. Retornando ao Winnicott: trata-se sempre de três mulheres.

A demanda que a criança dirige à mãe vai além de objeto e de amor, trata-se de uma resposta sobre seu ser, que vai se atualizando vida afora, como cicatriz da primeira alienação que a constituiu, a alienação ao grande Outro.

Zalcberg (2003, p. 69) especifica a questão posta às meninas:

> Mais ainda esta questão se coloca para a mulher. Para além da inexistência da cadeia de significante, característica de todo ser que fala, isto é, inscrito na linguagem, a mulher é mais cativa do que o homem de uma busca de referência para o seu ser. Além da falta-a-ser que a constitui como sujeito, a mulher deve fazer face à falta de um significante específico de seu sexo, o feminino. Freud diz que "sexo feminino parece nunca ser descoberto" e Lacan, mais dramático, responde que a mulher não existe.

Então, além da demanda que a menininha dirige ao pai, em seu Édipo, para que ele lhe forneça esse significante e lhe conceda um lugar na ordem simbólica, ela endereça uma demanda incondicional de amor à mãe, que, igualmente, não lhe dará aquele signo do ser feminino e não deverá mesmo lhe dar, porque a total satisfação à demanda, além de impossível, impede aceder o desejo, condição essencial para tornar-se sujeito.

Daí, a mulher vai criar-se sempre, mas a demanda à mãe também será para sempre.

> Essa busca de um lugar para edificação de sua identificação, a mulher, na sequência de seu Édipo, a fará tanto pelo lado do pai (e do homem) quanto da mãe (e da outra mulher). A conclusão de Freud em sua última conferência sobre a sexualidade feminina quanto à existência na mulher de duas camadas edípicas, uma com o pai, outra com a mãe, será

> retomada por Lacan ao longo de seu ensino. Só quase no final é que Lacan declarará que a filha espera mais "substância" da mãe do que do pai, ele vindo em segundo (Zalcberg, 2003, p. 102).

Ainda em Malvine Zalcberg, vemos que, precisamente, por ambas serem mulheres, a menina fica envolvida não apenas no amor, mas também na presença sexual da mãe, tentando localizar a dominação que a sexualidade de sua mãe lhe causa, e é na resolução desse enredo que ela constituirá para si sua própria identificação feminina.

Aqui faço uma pontuação importante. Enquanto Freud denomina essa atuação como um encontro possível à menina com a feminilidade a partir da relação pré-edípica "resolvida", Lacan aponta o "resto" do Édipo feminino como o caminho para essa construção.

> É para a mãe, ensina Lacan, que a menina deve voltar-se para elaborar os vínculos que a prendem à mesma, na medida em que ambas têm uma parte mergulhada no campo mais-além do falo: o campo da especificidade feminina (Zalcberg, 2003, p. 145).

A vida sexual da menina, por outro lado, é bastante interferida pela mãe, desde a interdição à masturbação de que falava Freud (1931) até a "gerência" da castidade da filha, quando da puberdade.

> Nessa formulação fica patente o domínio exercido pela mãe sobre o corpo da filha, um "igual ao seu" com o qual ela tem grande familiaridade. Aqui, a intervenção paterna não alcança: é algo a ser tratado entre mãe e filha, no campo que lhes é específico (Zalcberg, 2003, p. 148).

Ora, se já estabelecemos que parte do corpo feminino é não simbolizado e se considerarmos mãe e filha com corpos anatomicamente iguais, não é despropositado afirmar que isso as aproxima, para o bem e para o mal.

Lacan ensina que é na possibilidade de separação mãe-filha que esta última poderá constituir alguma consistência para seu próprio corpo/ser/gozo feminino, apartado dos de sua mãe, só assim poderá escapar dos efeitos deletérios da devastação: nosso próximo tópico.

Convém estabelecer, também, que a semelhança anatômica cria outra ilusão: a identidade da experiência de gozo.

> Assim como existe um mais-além da lei fálica que lhes é específica, mãe e filha têm o gozo específico das mulheres, um gozo suplementar. Essa ilusão de semelhança de gozo cria um sentido de cumplicidade na experiência feminina entre mãe e filha. No entanto, essa experiência feminina de gozo elas terão que descobrir, não pode ser compartilhada porque nada pode ser dito sobre ela. É um gozo único para cada mulher (Zalcberg, 2003, p.149).

O acesso ao próprio gozo, cercado de mistério, é buscado pela filha na mãe e em outras mulheres, dada a intransmissibilidade da experiência feminina. É justamente este outro gozo, esse mais além que é próprio da sexualidade feminina, que não se pode compartilhar, que não se pode dizer, nem acessar pelo símbolo, que, ante sua irredutibilidade em palavras, abre espaço para um algo mais entre mãe e filha que não se encerra na catástrofe freudiana ou na devastação lacaniana. Esse é o ponto do último tópico do nosso trabalho.

Já tratamos das expectativas dos pais em relação aos filhos, pontuando tratar-se da revivescência de seus próprios narcisismos (Freud, 1995b). Conquanto estejamos diante de amor de objeto, tem a mesma natureza do narcisismo infantil: amar a si mesmo como sonhara ser amado pelos pais, cabendo à criança concretizar aqueles sonhos não realizados pelos pais.

Não olvidemos que, em Freud, a escolha narcísica de objeto refere-se mais às mulheres, o que nos inclina a pensar decorrer essa particularidade da relação da menina com a mãe que, desde sua constituição subjetiva primária, ansiou e buscou ser amada pela mãe. "Assim, atribuímos à feminilidade maior quantidade de narcisismo, que também afeta a escolha objetal da mulher, de modo que, para ela, ser amada é uma necessidade mais forte que amar" (Freud, 1995b, p. 131).

Na relação mãe-filha, a questão se avoluma, quem sabe pela própria constituição subjetiva de uma mulher e de seu apego ao narcisismo.

Ensina Zalcberg (2003, p. 168-169):

> Mas é à filha, não sabia Freud, que a mãe reserva um aspecto mais amplo, que é o de retraçar o perfil de sua própria vida como um todo. Mais ainda que no caso de um menino, há uma certa apropriação narcísica abusiva da mãe em relação à menina. Essa apropriação por parte da mãe na vida de uma filha não deixa de ser um abuso identificatório; a menina sendo colocada pela mãe em um lugar que não é o seu, isto é, destituída de sua própria identidade exatamente por quem supostamente pode ajudar a filha a construí-la.

Colocar na equação dos corpos uma possibilidade de indefinição e simbiose não é alarmante. Se essa identidade de corpos enseja angústia, satisfação, encantamento, prazer, medo, é efeito de uma produção psíquica, mas é inegável a possibilidade de confusão de corpos que, inicialmente, não alcança a de posições, dada a assimetria da relação.

Aqui, um ponto que adiantamos e que será tratado adiante: assimetria sim, mas em que direção? Se, por um lado, é a mãe que construiu, a seu modo e a partir de seus próprios questionamentos, o enquadre da filha; por outro, esta mesma mãe também é filha e igualmente se constituiu a partir de algum enquadre e, em um dado momento, se inventou, ou se rendeu à falicização, o que for. Tudo isso gera efeitos muito particulares a essas duas mulheres, ou três, e desses efeitos não há escape.

3

DA CATÁSTROFE E DA DEVASTAÇÃO NA RELAÇÃO MÃE-FILHA E DE UMA POSSÍVEL DEVASTAÇÃO ÀS AVESSAS

3.1 BREVES NOTAS SOBRE A HOMOSSEXUALIDADE FEMININA

Renda-se como eu me rendi.
Mergulhe no que você não conhece como eu mergulhei.
Não se preocupe em entender.
Viver ultrapassa qualquer entendimento.

(Clarice Lispector)

Não é a homossexualidade feminina ou sua etiologia que está em questão no nosso trabalho, mas os efeitos produzidos na mãe pela filha que escolheu/encontrou/elegeu por objeto libidinal, de desejo e de amor uma outra mulher.

A questão aqui poderia iniciar-se pela pergunta: como, a partir da bissexualidade infantil identificada por Freud, vem a criança a seguir uma corrente pulsional heterossexual? Ou como, a partir da homossexual relação pré-edipiana com a mãe, vem a menina a tornar-se mulher precisamente no momento em que deve ela odiar o objeto do amor, a mãe, e, a partir de tendências masculinas/ativas, voltar-se ao pai, com quem não se vai identificar, porque deve identificar-se com aquela mãe odiada, para encontrar o trajeto para a feminilidade?

Não faltariam hipóteses que motivassem pesquisadores sobre esses tortuosos caminhos.

Serge André (2011, p. 201), a partir da constatação da manutenção visceral do vínculo da menina com sua mãe e do questionamento de como se dá a fixação amorosa no pai a partir da posição masculina, iniciado na pré-história edipiana, levanta a hipótese da homossexualidade estrutural na menina:

> A homossexualidade da menina passa a ser, daí em diante, uma possibilidade inscrita na estrutura do complexo de Édipo feminino, até mesmo um elemento de base deste complexo (a posição masculina em relação à mãe). De que vai depender, à partir de então, que uma menina se torne ou não homossexual? [...] Em outros termos, a questão que se coloca é a de saber se a relação ao pai, que se instaura no Édipo propriamente dito da menina, tem função de metáfora ou apenas uma metonímia quanto à relação com a mãe?

Mais adiante, constatando a dificuldade de Freud em ver eliminada essa relação pré-edipiana, que é homossexual naturalmente nas meninas, André (2011, p. 202) pondera:

> Por conseguinte, a questão da homossexualidade feminina se torna uma questão de estrutura; há alguma coisa de quase "naturalmente homossexual" nas mulheres. A partir daí é bem difícil considerar a homossexualidade feminina como uma perversão pura e simples.

Freud declara, na "Conferência XXXIII", que a clínica lhe havia mostrado que a homossexualidade feminina quase nunca, "ou nunca, é continuação direta da masculinidade infantil" (1995i, p. 129).

Para Lacan, diversamente, a homossexualidade feminina, tomada por não existente,[5] denuncia a existência do gozo suplementar, aquele que não é submetido à lógica fálica e que é próprio do

---

[5] Essa proposição lacaniana parte da formulação de que as mulheres homossexuais são hétero orientadas, porque buscam no Outro sexo em uma perseguição ao gozo do Outro, distinto daquele que faz falhar a relação desejada, sem passar pelo desejo ou amor de um homem, elas vão diretamente a esse Outro sexo que as fascina, que revela algo de sua própria feminilidade.

feminino. Em "Diretrizes para um Congresso sobre a Sexualidade Feminina" (2010c), também de *Escritos* (1966), Lacan, após denunciar o gozo em sua própria contiguidade, o qual não se pode dividir ou separar, e apontar que amar é dar aquilo que não se tem, pontua:

> Se, mais do que outro, tal amor se gaba de ser o que dá aquilo que não tem, é exatamente isso que a homossexual se esmera em fazer no tocante àquilo que lhe falta.
>
> Não é exatamente o objeto incestuoso que ela escolhe às custas de seu sexo; o que ela não aceita é que esse objeto só assuma seu sexo às custas da castração.
>
> Isso não quer dizer que ela renuncie, no entanto, ao seu: muito pelo contrário, em todas as formas, mesmo inconscientes, da homossexualidade feminina, é sobre a feminilidade que recai o interesse supremo [...] (Lacan, 2008, p. 744)

Ao discorrer sobre a homossexualidade feminina, Brousse (2013) retoma os dois casos mais paradigmáticos de Freud: o caso Dora, tomado como de uma estrutura neurótica, e o caso da jovem homossexual, caso que acabou sendo rejeitado por Freud, não sem antes diagnosticar uma perversão. Na histeria de Dora, Brousse identifica o homem como "testa de ferro" do desejo feminino, postulando ter ela inventado "uma solução feminina que não valeria senão para ela mesma". Dora pretende saber o que tem aquela mulher para fazer-se desejar por dois homens. Na perversão da jovem homossexual, a pretensão seria de que somente uma mulher pode amar e desejar outra mulher como convém.

Com uma proposta de uma clínica ainda a ser construída, Brousse afirma que a identificação do sujeito como homossexual não incide sobre o enigma de sua feminilidade corporal, estando ausente o desejo, mas nem sempre o amor. A divisão subjetiva, no caso, nada tem a ver com a sexualidade feminina — fálica e não toda —, mas, em alguns casos, a escolha homossexual do sujeito estaria ordenada pela ausência de troca fálica, ou seja, trata-se de sair da cena dos discursos. Em sua hipótese, a posição histérica prescinde passar pelo pai e pelos homens para acessar o Feminino, o que dispensa aquilo que denomina "testa de ferro", a partir dos ensinamentos de Lacan de que nada mais faltaria às mulheres e que todos os seres humanos são submetidos à universalização de habitar a linguagem, mas nem todos do lado feminino, suplementar, e não complementar.

Brousse propõe várias funções clínicas da homossexualidade feminina, pois que ela não corresponde, de modo algum, a uma estrutura única. Daí em diante, descreve: 1) a homossexualidade como novo sintoma histérico, "fundamentada numa idealização de A mulher como Outro, para ela mesma e em geral". Nessa solução, o sujeito permanece preso a uma posição masculina, e o objeto é posto no feminino: a mulher — A Mulher lacaniana — diretamente e sem máscara, e a homossexualidade "universalizando o feminino como figura do Outro" respondendo enquanto sintoma à questão da falta no Outro; 2) a homossexualidade como escolha decidida do gozo, permitindo ao sujeito se apreender como mulher. Nessa solução, o que está em jogo é a identificação de si mesma como verdadeira mulher, numa contiguidade de identificação com a parceira enquanto objeto semelhante.

A dimensão da identificação — imaginária ou simbólica — daria a diferença na estruturação psíquica do sujeito. Se ser o mesmo é imaginário, constituiria um duplo do sujeito, dando solidez ante a ausência da identificação simbólica ou real; estaríamos diante de uma estrutura psicótica. Se a identificação imaginária vier recobrir uma identificação simbólica recalcada, estaríamos diante de uma neurose; se a identificação se operar a partir da fixação de um traço, a estrutura é de perversão fetichista. Em todo o caso, explica, a homossexualidade é uma resposta dada, por meio do modo de gozo, à falta a ser do sujeito.

Por fim, Brousse propõe uma homossexualidade reveladora do "não todo", trazido por Lacan em seu *Seminário* 20, e o designa como "não todo sexo":

> Seria uma solução que limitaria o sentido sexual não da forma como o faz a psicanálise a partir do "não

> existe relação sexual", mas levantando a bandeira do amor: uma espécie de sublimação pela alma. No deserto da ausência de relação sexual que não vem mais velar o pai e as exigências da ordem familiar, essa solução seria uma tentativa de fazer existir, pela escrita no corpo, o acontecimento de um gozo localizado fora dos órgãos sexuais (Lacan, 2013, p. 8).

Nessa modalidade, entretanto, não se pode pretender o universal, e não parece se tratar de uma escolha definitiva ou exclusiva, logo não se pode falar em identificação ou modo de vida.

O que se coloca, em contraposição à assertiva, presente na maioria das teorias psicanalíticas sobre a homossexualidade feminina, é a razão de se insistir na presença de uma mãe dita fálica e a ausência ou deficiência de um pai ou quem lhe faça suplência.

Poderíamos questionar se a homossexualidade feminina não é ainda uma saída para a feminilidade. Também não seria uma invenção de uma mulher? Notadamente quando se considera o postulado lacaniano de que a mulher não existe, porque é contada uma a uma e se constitui para além do sujeito, "falasser", chega mesmo, em dado momento, a afirmar que não existe a homossexualidade feminina? Se a mulher é aquela que se deixa ser objeto de amor, ou ser o falo e não o ter, quando e em que condições se pode afirmar com certeza que a relação entre duas mulheres sempre responderá a esse postulado? Seriam meninas que gostam de meninas um recurso ao pai impossível?

Por fim, trago um questionamento de Drummond (2011, p. 11-12), que articula a homossexualidade à devastação: nosso próximo recorte: "O sujeito devastado, fascinado pelo gozo feminino, pode ainda fazer uma escolha homossexual colocando seu parceiro nessa posição idealizada de mulher admirada, capturada na fusão imaginária"

De que se trata, afinal?

Mas a víscera a que nos propomos é outra.

3.2 CATÁSTROFE E DEVASTAÇÃO – UMA PARTICULARIDADE FEMININA

Te amo, ainda que isso te fulmine
Ou que um soco na minha cara
Me faça mais osso e mais verdade

(Hilda Hilst)

Aqui vamos nos permitir falar em catástrofe e devastação, inicialmente em suas concepções originais, na sequência formularemos uma hipótese.

Uma vez abordada a especificidade da relação mãe-filha, somos levados a perscrutar o nome que essa relação pode alcançar, na medida mais ou menos exata da história que cada menina traça com sua mãe-mulher.

Dito de outro modo: é a partir da convicção de que a mulher não é a mãe e de que ambas eventualmente podem coexistir — nesse caso da reedição do próprio vínculo desta com sua mãe ao tornar-se mãe de uma menina e das peculiaridades já expostas dessa relação para sempre dual e ambígua — que chegamos aos termos catástrofe e devastação.

Zalcberg (2003, p. 15-16) é firme na localização do termo:

> A catástrofe mencionada por Freud ou a devastação formulada por Lacan, ocorrendo frequentemente na relação mãe e filha, dão-se quando a mãe não se dá conta da existência dessas duas dimensões que ela representa para sua filha e não consegue, por isso, sustentá-las.

Ao tempo em que reconhecemos a precisão dessa conclusão, propomos outro enredamento possível: seria cabível pensar em outra assimetria e em a mãe tornar-se objeto da filha, surgindo aqui, então, invertida, uma espécie de devastação ou catástrofe?

A definição regular de catástrofe em Freud é a impossibilidade contingencial da menina em não conseguir libertar-se da mãe e seus

FEMINILIDADE E MATERNIDADE:
CONSIDERAÇÕES SOBRE A DEVASTAÇÃO NA RELAÇÃO MÃE E FILHA HOMOSSEXUAL

desejos totalitários que a impede de conquistar sua feminilidade. A essa situação, não rara, Freud deu o nome de "catástrofe".

A catástrofe seria derivada do *penisneid*, que, no desenvolvimento da sexualidade feminina, ensejaria o ódio à mãe o qual, por sua vez, seria proporcional àquele, amor, experimentado na relação pré-edipiana. Somente ao escapar da mãe, voltando-se ao pai, a menina estaria a salvo da catástrofe.

Zalcberg (2003, p. 14) pontua:

> Este conceito desenvolvido por ele, diz respeito à dificuldade encontrada pela menina em realizar as trocas que possibilitam a construção de sua feminilidade, em função de um aprisionamento à figura da mãe, que não pôde oferecer à filha um olhar que possibilitasse a construção de sua própria imagem, uma mulher. Isso porque a menina, mais que um menino, requer um contorno imaginário para seu corpo que, por carecer de um significante feminino, apresenta grande dificuldade em separar o próprio corpo do corpo de sua mãe.

> À medida que aprofundava seus estudos sobre a questão da sexualidade feminina, Freud destaca que é do vínculo estabelecido entre mãe e filha que se extrai seu destino como mulher, fato que o leva a dizer que o caminho para o desenvolvimento da feminilidade só estaria aberto para a menina, se não estivesse muito comprometido pela ligação primária com a mãe. Na verdade, ele constata a feminilidade de uma filha constitui-se pré-edípica e edipicamente "entre pai e mãe".

Lacan vai além. A partir da concepção do papel da mãe, que é o desejo da mãe localizado no inconsciente, que a relação mãe-filha carregará quase sempre estragos. A menção à boca de crocodilo ou à loucura materna não é sem fundamento.

São desdobramentos do ensino que Lacan iniciou em seu *Seminário* 4, em que são tematizados o desejo insaciável da mãe dirigido ao filho e a devoração permitida por sua posição assimétrica nessa relação.

Lacan cunhou o termo devastação no designado por Freud como catástrofe, mas, indo adiante, e percebendo aquilo que Freud já havia identificado como amor-ódio ilimitado entre mãe/filha como expressão da ambivalência característica do início da vida libidinal (1931), fez uso de um termo *ravage* que, no idioma original, tem sentido igualmente de encantamento *ravissement*. Essa dual acepção deixa entrever a ambiguidade de que se reveste

O termo aparece em Lacan em "O Aturdito" (1972), também trazido em *Outros Escritos* (2010f, p. 463), referenciando uma mulher à mãe e estabelecendo uma distância da formulação freudiana no Édipo:

> Até aqui, seguimos Freud, e nada mais, do que se enuncia da função sexual por um para todo, mas igualmente ficando numa metade, das duas que por sua vez ele discerne, a partir do mesmo côvado, por lhe remeter as mesmas diz-mensões (Lacan, 2010f, p. 463).

O que Lacan faz, nesse momento, é sua subversão à medida única que Freud usou para os dois sexos: o falo. Em *O Seminário 20: Mais Ainda* (2008, p. 84), nas fórmulas da sexuação, já introduzidas em "O Aturdito", o autor pontua, mais que o algo para além do Édipo feminino, algum gozo suplementar ao fálico, que dele não prescinde, mas que é habitado exclusivamente pelas mulheres.

Ainda em "O Aturdito", Lacan (2010f, p. 465) sustenta que a menina espera algo além da relação com sua mãe, mais do que o signo da castração — o falo —, para ascender à sua própria feminilidade, que estaria além do gozo dito suplementar. O autor nomeia essa espera que não se situa no registro fálico como *ravage*:

> Por esta razão, a elucubração freudiana do complexo de Édipo, que faz da mulher peixe na água, pela castração ser nela ponto de partida (Freud *dixit*), contrasta dolorosamente com a realidade de devastação que constitui, na mulher, em sua maioria, a relação com a mãe, de quem, como mulher, ela realmente parece esperar mais substância que do pai – o que não combina com ele ser segundo, nessa devastação (Lacan, 2010f, p. 465).

Devastação em Lacan é também a persistência dessa demanda infinita de amor que, por estar para além da lei — da lógica fálica —, é desmedida e ilimitada.

Devastar é, em resumo, uma degradação que o outro provoca no sujeito que já não sabe quem é ou não alcançou suas insígnias significantes do sujeito ou as perdeu.

Como vimos, Lacan chegou a falar da mãe em relação ao filho — sem distinguir sua anatomia — como uma bocarra de crocodilo, cuja manutenção em aberto a garantir a constituição do sujeito dependeria da metáfora paterna, que, como também referimos, não esgota o lugar que um filho ocupa no inconsciente materno.

É de Lacan a afirmação sobre a "loucura materna" que nos remete a um ser que, a qualquer momento, poderia fechar aquela bocarra e engolir o filho/filha. Ora, se assim o é, se a metáfora paterna não dá conta do todo do sujeito sob o prisma da relação mãe-filho/filha, parece-nos correto pensar que a submissão à lógica fálica não é apenas o que está operando naquela relação; parece-nos razoável admitir que a sexualidade feminina, vista sob esse prisma, não estaria reduzida à sua inserção do lado fálico.

Desse postulado, podemos, quem sabe, apontar, a partir do quadro da sexuação que Lacan nos trouxe em seu *Seminário 20: mais, ainda*, que o excesso materno, o exagero, a devastação que uma mãe causa no filho e na filha, teria um liame no lado direito da fórmula de sexuação, qual seja, aquele do gozo suplementar, exclusivo do ser feminino. Cremos poder pensar que ali se situaria o desejo que não se sacia da mãe pelo filho/filha — e que pode causar consequências nefastas, se não de algum modo interrompido — já que aquele gozo, como também trouxemos de Lacan, não obedece a regras ou limites e se encaminha ao infinito.

Após seguirmos os ensinamentos de Lacan que chega à mãe com a mulher, podemos pensar na proposição oposta: a mãe é mulher. A presença/ausência da mãe para o filho é essencial, ou seja, a mãe que se investe nessa função preservando a mulher, que nela se presentifica, preserva o desejo propriamente feminino, mas difere a ausência decifrada na ordem fálica ou no mais além, ultrapassando-a no obscuro do gozo suplementar.

Com Soler aprendemos que decifrar pela ordem fálica permite à criança se situar; decifrar pelo mais além é o não todo absoluto. Diz Soler (2006, p. 96):

> Num dos polos da nocividade materna, evoquei a mãe totalmente ocupada com o filho. No polo oposto, conviria situar a mãe, e confrontar o filho refém da primeira com o filho abandonado da segunda, sem recursos diante de um silêncio insondável, que equivale a um ponto de foraclusão. Isso não implica, em absoluto, o abandono pela mãe, ou talvez devêssemos falar de um abandono subjetivo, por falta do único significante que equivale ao significante do gozo, ou seja, o Falo.

Nesse espectro aberto, muitas mães cabem, e mesmo o apegar-se demais ao filho possui nuances e vertentes. O certo da equação é que, com Freud e Lacan, chegamos à filha que espera mais substância da mãe que do pai, ainda que a mãe seja para ela uma catástrofe ou devastação. É ainda Soler que conclui (2006, p. 96):

> Percebe-se que esse termo, por conotar um arrasamento de todos os referenciais, vai muito além das discórdias rivalizantes que são próprias do registro fálico, e que, em estreita consonância com a ideia da mulher barrada como Outro absoluto, não está longe de elevar a mãe à categoria do impensável.

Soler (2006, p. 184) aponta como efeitos da devastação um leque que vai da leve desorientação ao extremo de o outro abolir-se enquanto sujeito.

Devastar é tornar deserto, despovoar, aniquilar; foi um termo trazido por Lacan após elaborar as fórmulas da sexuação em "O Aturdito". Também é o nome dado pelo autor ao fracasso da metáfora paterna.

No momento em que Lacan aborda o feminino a partir da divisão entre o real e o simbólico, apontando o não toda como a parte que toca o real, o que localiza uma mulher em uma relação privilegiada com o real, ou o mais-além, surge a possibilidade da devastação, termo que se articula ao amor e à sua impossibilidade.

No *Seminário 23: O sinthoma*, Lacan (2008, p. 101), retomou o mesmo termo para designar o que um homem pode ser para uma mulher:

> Se uma mulher é um sinthoma para um homem, é absolutamente claro que é necessário encontrar um outro nome para o que é um homem para uma mulher, já que o sinthoma caracteriza-se justamente pela não-equivalência. Podemos dizer que um homem é para uma mulher tudo o que vocês quiserem, a saber, uma aflição, pior do que um sinthoma. Vocês podem articulá-lo como lhes convém. É uma devastação.

A utilização do mesmo termo na relação mulher-homem-parceiro-devastação parece ser um índice que se atrela ao primado de que, para a mulher, a relação com a mãe pode ser levada para todas as suas outras relações amorosas.

É que, seguindo Lacan (2010, p. 188), o primordial não é a relação "amoródio" estabelecida entre a mãe-criança, mas o fato de aquela ser o Outro primordial e esta se indagar seu lugar no desejo daquela.

> Esta subjetivação consiste simplesmente em instaurar a mãe como aquele ser primordial que pode estar ou não presente. No desejo da criança, em seu desejo, esse ser é essencial. O que deseja o sujeito? Não se trata da simples apetência das atenções, do contato, ou da presença da mãe, mas da apetência do seu desejo.
>
> A partir dessa primeira simbolização em que se afirma o desejo da criança esboçam-se todas as complicações posteriores da simbolização, na medida em que seu desejo é o desejo do desejo da mãe.

Um pouco adiante, Lacan aponta que é o posicionamento do sujeito, quando de sua infância, no que diz respeito ao papel do pai na privação da mãe ao objeto fálico, que vai determinar toda sua vida.

Uma vez que a abordagem de Lacan sobre a devastação aponta para algo do desejo da mãe que escapa ao significante — ao desejo e à demanda —, estamos diante do gozo próprio feminino, o suplementar, que é nominado de um extravio, um gozo opaco e refratário à ordem simbólica.

Desse mesmo designar para tratar de uma das possibilidades na relação homem/mulher, apontando nessa relação a mulher-sintoma e o homem-devastação, Soler (2006, p. 184) nos chama atenção para a diferenciação entre os gozos: o fálico e o suplementar.

> Enquanto ele falava, com respeito ao homem, em mulher-sintoma, não encontrou coisa melhor, do lado da mulher, do que devastação ou aflição, o homem-devastação. Os dois termos conotam, ao mesmo tempo, as agonias da dor e a destruição que aniquila.
>
> É notável, além disso, que com esse termo "devastação", Lacan tenha reencontrado um vocábulo que utilizara, inicialmente, para caracterizar a relação da filha com a mãe. Ele parece dar continuidade à tese freudiana de que o homem é herdeiro da relação com a mãe e, mais precisamente, das censuras feitas à mãe, e se torna, indo atrás dela, alvo da reivindicação fálica.

A autora, entretanto, nos adverte não crer que fosse essa a tese lacaniana. Para ela, devastação não se confunde com reivindicação; embora por vezes possa inclui-la, é de outra ordem, por estar por fora do registro fálico. Devastação diz respeito ao gozo próprio feminino, por ser consequência dele.

Para Zalcberg (2013, p. 473), a partir da proposição de Lacan de que "a mulher quer ser desejada e amada por aquilo que ela não é" e se apresenta, por isso, como o falo enquanto significante do desejo para ser causa de desejo de um homem, está posta a questão da intermediação do falo na relação, fazendo homens e mulheres adotarem posturas de pareceres; o primeiro, um parecer[6] manifestado na ostentação de um ter e a segunda, um parecer ser, que oculta a falta a ter, surgindo daí a mascarada. Da demanda de ser ao Outro, também espera a mulher o amor que lhe embarreire o gozo ilimitado e um Outro que fale. Daí porque, na concepção de Zalcberg (2013, p. 473):

> A devastação de uma mulher por uma decepção amorosa ou um rompimento amoroso a atinge nesses três níveis: a dificuldade de sustentar um semblante de existência, de encontrar uma barreira asseguradora de seu gozo, ameaçando-a da pulsão de morte, e a impossibilidade de tornar-se Outra para ela mesma. As consequências clínicas vão da desorientação à angústia profunda, passando por todos os graus de extravio. A depressão, tão própria à nossa modernidade, vem falar da equação moderna que procura correlacionar desejo e gozo, sem falhas, sem resto. Algumas mulheres querem crer no amor louco, um amor combinando com a desmedida de seu gozo, enquanto outras escolhem nada ceder – no sentido de consentir – não mais de seu corpo que do seu ser, reivindicando uma solidão que não engana.

O uso do termo devastação, para nomear igualmente o que pode representar a relação com um homem para uma mulher, nos remete também à unicidade da maneira de desejar de que nos falou Lacan: aquela derivada da relação com a mãe.

André (2011, p. 226-227) bem situa a questão:

> É necessário, pois, tanto para a menina quanto para o menino, tomar como ponto de partida o desejo da mãe, nos dois sentidos que este genitivo pode assumir: desejo da mãe pela criança e desejo da criança pela mãe. Lacan sublinhou isso em seu *Seminário* As formações do inconsciente: só existe

---

[6] Parecer, em tradução livre de Lacan, tem o mesmo significado, aqui, de "semblant".

> uma maneira de desejar, qualquer que seja o sexo: aquela que emerge da relação com a mãe. A vertente ativa e a vertente passiva deste desejo correspondem aos dois sentidos pelos quais pode ser entendido o desejo da mãe.

E prossegue naquilo que já apontei como o percurso de toda criança. O desejo da mãe ocupa inicialmente a posição de tamponamento da falta que causa o desejo, e a criança toma a mãe como total, estágio em que ainda é esta parte do corpo daquela. Convém anotar que, mesmo nesses primórdios, nada há de paradisíaco, já que a concordância entre o lugar e função, ocupados pela criança na fantasia materna, não existe.

Brousse (2004), ao tratar da reformulação que Lacan faz da relação primeva com a mãe, traz essa ideia de que o sujeito, diante do x que é o desejo da mãe, vai se localizar nesse desejo, como uma orientação, dialética que comporta o pai, como terceiro que poderá ou não permitir que a criança seja significada.

Situa a questão, pois, em como cada sujeito responde ao que Lacan denominou aventura primordial.

> Em todos os casos, a devastação está ligada à troca fálica impossível, algo na mãe tendo escapado à lei simbólica que deveria tê-la feito objeto na estrutura da troca. Em consequência disso, ela tende a permanecer um Outro real, sendo interpretada como Outro do gozo. Ela convoca, portanto, seja à fusão impossível, seja à perseguição (Brousse, 2004, p. 65).

A hipótese de Brousse localiza a devastação em duas frentes: na particular maneira com que a linguagem despontou no sujeito, tocando nos confins do simbólico, e no mais além da feminilidade.

A primeira frente, como vimos, situa-se na lógica fálica e em como a metáfora paterna foi incapaz de apaziguar o desejo infinito materno. Diz: "A devastação à luz do falo leva então a pensar o seguinte: ele é articulado a uma identificação masculina à qual vem imprimir o contraponto de uma feminilidade insuportável" (Brousse, 2004, p. 63).

A segunda frente deriva da afirmação de Lacan da suplementariedade do gozo feminino, que está ao lado do desejo, da ordem fálica. Dito de outro modo: a partir da disjunção, operada por Lacan, entre mãe — vertente fálica — e mulher — vertente inconsistência do universal —, torna-se possível não só pensar a devastação que não remete "inteiramente à demanda e ao desejo fálico, mas também em um sem limite relacionado à particularidade da sexuação feminina?"

> A devastação pode então aparecer no ponto do gozo enigmático percebido na mãe pela filha menina; gozo não limitado pelo falo. Daí a afirmação recorrente nesses sujeitos femininos da loucura materna, da deflagração materna contra a ordem do discurso (Brousse, 2004, p .64).

Ao fim desse estudo, Brousse propõe a tese de que a devastação está atrelada ao arrebatamento, que igualmente possui duas vertentes trazidas por Lacan em seu *Seminário* de 3 de março de 1972, "O saber do psicanalista"[7]: remete ao roubo, ao "querer arrebatá-la ao homem", referido à função fálica; remete ao "ser arrebatado" ou extraviado de si mesmo, referido ao êxtase feminino, ao gozo suplementar.

Nesse diapasão, o arrebatamento afeta tanto o registro do ter quanto o do ser e está diretamente relacionado ao corpo, sendo a mãe uma arrebatadora de corpos, por estrutura, em razão da fala — inscrição significante — e igualmente uma arrebatadora de filho. Essa função coincide com o primado lacaniano de que o que determina a vida do sujeito é como a linguagem marcou sua experiência sexual traumática naquele primeiro momento, na aventura primordial. No mesmo laço, identifica o corpo como inserido na relação de devastação.

> Ser arrebatada é ser descompletada de seu corpo, com o efeito de gozo que acompanha a deslocalização. [...] Na relação de devastação – uma vez que é uma relação, e penso inclusive numa rela-

---

[7] Brousse utilizou-se da tradução de Ana Isabel Corrêa e outros para uma edição de circulação interna do Centro de Estudos Freudianos de Recife, equivalente ao *Seminário 19: ...ou pior*, capítulo VII, "A parceira desvanecida", da edição do Campo Freudiano no Brasil, Jorge Zahar Editor, 2012.

> ção substitutiva à relação sexual que não há –, o sujeito é despossuído de seu lugar. Esse lugar que não existe mais pode ser declinado como fala, o sujeito sendo então reduzido ao "silêncio"; como corpo, e o sujeito não passa de um "corpo em excesso", ou uma carne desfalicizada que é um "buraco negro"; como errância, fenômeno de despersonalização, de auto-eliminação. Essas modalidades são provavelmente determinadas pela maneira como a linguagem deixou marca na experiência sexual traumática (Brousse, 2004, p. 65).

Brousse, ao localizar no corpo o arrebatamento, enquanto parceiro da devastação, deixa entrever uma perda corporal impossível de simbolizar pela via fálica. O lugar no corpo do Outro é um não lugar por ser pretendido obter pelo amor, sem a intermediação do falo, da promessa e sem a troca simbólica, condição essencial para, em lugar da mãe-fetiche, estar o falo como significante.

A força do arrebatamento é captada por Sota Fuentes (2012, p. 276), ao tomar igualmente o corpo como lugar de perda. Ela aponta a distinção da apropriação que o sujeito faz de seu próprio corpo no estádio do espelho, permitindo sua identificação simbólica pelo consentir do sujeito à alienação do significante do Outro, que o identifica a seu corpo a partir do reconhecimento de sua imagem do espelho e, noutro lado, pontua a expulsão do seu próprio corpo que o arrebatamento propicia ao sujeito, em uma contaminação irredutível.

Foi naquilo que alguns lacanianos denominam último ensino que Lacan se ocupou de interrogar o gozo feminino, quando tomou a personagem Lol V. Stein, de Marguerite Duras, como modelo de devastação, na acepção de deslumbramento e nos efeitos sobre o corpo: "Arrebatamento – essa palavra constitui para nós um enigma" (2010d, p. 198), partindo para a literatura na busca dessa ferida "exilada das coisas".

Drummond (2011, p. 11) explica a elucubração que foi possível a Lacan, a partir da dupla acepção de *ravage*, que relocaliza a questão da devastação articulada ao falo, ao apontar a suplementariedade do gozo feminino, levou-o a apontar a falha da metáfora paterna já que o desejo da mãe — que ele traz como mulher — não encontra significado por inteiro.

> Há na mãe, ao lado do desejo, um gozo feminino desconhecido que faz enigma para o sujeito, e a devastação da qual Lacan fala, diz respeito ao sujeito feminino confrontado ao gozo feminino da mãe.
>
> [...]
>
> Assim, a devastação retornará para o sujeito feminino, quer em sua relação com seu corpo ou com a perda do corpo, quer em suas parcerias amorosas. Ambas manifestações não deixam de ter relação entre si.

Para ilustrar a devastação na parceria amorosa, que seria um gozo substituto ao amor retornando ao "falasser" feminino, Drummond lembra o ilimitado das concessões feitas pela mulher ao homem, trazendo Lacan, em "Televisão" (1974), publicado em *Outros escritos* (2010h), "de seu corpo, de sua alma, de seus bens".

Quer sob o nome de devastação, quer sob a denominação de arrebatamento, o que se dá encontra no corpo a morada e no gozo, o instrumento. Se aprendemos com Miller (2014) que devastação é dor de amor, em que este se presentifica, a possibilidade de aquela estar ao redor ou prestes a se instalar não é remota. Ao contrário, hodiernamente, reconhece a Psicanálise a possibilidade da presença da devastação quer na relação passional mãe-filha, quer na relação amorosa mulher-parceiro devastação, como repetidas vezes aqui indicamos.

3.3 DE UMA DEVASTAÇÃO ÀS AVESSAS

É que a morte é sempre possível, o sofrimento é sempre possível, e é isso que se chama um vivente: um pouco de carne oferecida à agressão do real.

(André Comte-Sponville)

Até aqui, estamos a pensar a devastação na sua concepção doutrinária.

O que proponho é uma devastação às avessas, uma devastação invertida. Seria possível?

Se podemos concluir que a devastação tem um lado de reivindicação fálica que se liga ao desejo da mãe e um outro articulado ao deslumbramento e relacionado ao gozo suplementar, impossível de simbolizar, por que não pensarmos que a dificuldade de o sujeito feminino desprender-se desse impasse, no instante em que foi deixado pelo desejo materno, pode levá-lo a desvios na sua subjetivação que invertam a posição mãe-filha precisamente nesse ponto de identificação?

Em seu *Seminário 4*, Lacan enuncia que o objeto/sujeito só encontra seu lugar ao dispor-se à função de castração e o demonstra passando pela homossexualidade feminina, pela perversão masculina e pela fobia infantil. Para Miller (2014, p. 2), o que permanece desconhecido na relação mãe-criança é mais que a função do pai.

> Ora, penso que a lição do Seminário é a de que aquilo que permanece desconhecido, quando se atenta na relação mãe/criança, não é somente a função do pai, cuja incidência sobre o desejo da mãe é, sem dúvida, necessária para permitir ao sujeito um acesso normativo à sua posição sexual. É, também, o fato de a mãe não ser "suficientemente boa" - retomando a expressão de Winnicott - quando apenas veicula a autoridade do Nome-do-Pai. É preciso, ainda, que a criança não sature, para a mãe, a falta em que se apoia o seu desejo. O que isso quer dizer? Que a mãe só é suficientemente boa se não o é em demasia, se os cuidados que ela dispensa à criança não a

> desviam de desejar enquanto mulher. Quer dizer - empregando os termos utilizados por Lacan em seu escrito "A significação do falo"3 - que a função do pai não é suficiente; é preciso, ainda, que a mãe não esteja dissuadida de encontrar o significante de seu desejo no corpo de um homem.

Em "Nota sobre a criança" (1969), de *Outros escritos*, Lacan já havia anunciado, na relação mãe-criança, um gozo que não era o gozo suplementar nem o fálico, mas um acesso ao real.

> A distância entre a identificação com o ideal do eu e o papel assumido pelo desejo da mãe, quando não tem a mediação (aquela que é normalmente assegurada pela mediação do pai), deixa a criança exposta a todas as capturas fantasísticas. Ela se torna o "objeto" da mãe e não mais tem outra função senão revelar a verdade desse objeto.

> A criança realiza a presença do que Jacques Lacan designa como objeto a da fantasia. Ela satura, substituindo-se a esse objeto, a modalidade de falta em que se especifica o desejo (da mãe), seja qual for sua estrutura especial: neurótica, perversa ou psicótica. Ela aliena em si qualquer acesso possível da mãe a sua própria verdade, dando-lhe corpo, existência e até a exigência de ser protegida.

> [...]

> Em suma, na relação dual com a mãe, a criança lhe dá imediatamente acessível aquilo que falta ao sujeito masculino: o próprio objeto de sua existência, aparecendo no real (Lacan, 2010e, p. 370-371).

Esse acesso imediato ao real, se a isso reduzido, se não houver o desejo de que nos fala Miller, penso poder desviar a mulher e fazer-se perder no real do gozo.

Dito de outro modo, seguindo os passos de Miller (2014), a metáfora paterna não é suficiente a manter a mãe/mulher na divisão de seu desejo, mas é imprescindível que ela continue a desejar um homem enquanto mulher. Dar espaço à lei vinda do pai não é suficiente para evitar que a criança sature a mãe, é preciso que a criança divida a mãe.

É precisamente dessa nuance de um sintoma da criança que deriva de sua relação dual com a mãe que Lacan nos fala em "Nota sobre a criança", sintoma que diz respeito à fantasia da mãe, osso duro por permear o desejo do próprio sujeito. Sem a mediação do pai sobre o desejo da mãe, o filho satura a necessidade do falo, e a criança acaba por ocupar lugar de objeto, sem outro caminho apontado.

Lacan já nos dizia, no *Seminário 4*, da importância de a imagem do falo discordar da imagem da criança, reafirmando a mãe enquanto mulher, privada do objeto de desejo. Nesse momento, aponta que a criança "pode, em certa medida", tomar percepção de que amada é a imagem que dela faz a mãe e não ela mesma.

> Existe aqui algo que vai mais longe. Esta imagem fálica, a criança realiza sobre si mesma, e é aí que intervém, falando propriamente, a relação narcísica. No momento em que a criança apreende a diferença dos sexos, em que medida essa experiência vem lhe articular com o que lhe é oferecido na presença da mãe e de sua ação? Como se inscreve, então, o reconhecimento deste terceiro termo imaginário, que é o falo para a mãe? Muito mais: à noção de que à mãe falta esse falo, de que ela própria é desejante, não somente, não somente de algo além dele próprio, porém simplesmente desejante, isto é, afetada em sua potência será para o sujeito mais potente que tudo (Lacan, [1956], p. 72).

E a relação dual, onde se situa e que efeitos produz? Miller (2014, p. 15) prossegue:

> Quanto mais a criança preenche a mãe, mais ela a angustia, de acordo com a fórmula segundo a qual é a falta da falta que angustia. A mãe angustiada é, inicialmente, aquela que não deseja, ou deseja pouco, ou mal, enquanto mulher.

Soler (2006, p. 95) segue a mesma direção:

> Não é a falta de amor, mas o excesso de amor, que pode ser prejudicial aqui, e que clama por um efeito de separação necessário. Foi por isso que Lacan enfatizou o desejo da mãe. Este deve ser entendido como o desejo da mulher na mãe, desejo adequado para limitar a paixão materna, para torná-la não-toda mãe, ou, em outras palavras, não-toda para seu filho.

Ainda em Miller (2014, p. 6), encontramos a distinção entre a criança "fetiche normal", fruto da fantasia materna, e a criança que, por ser tudo para o desejo materno, se torna um fetiche sintomático.

> A criança, no entanto, só é o "fetiche normal", entre aspas, como eu disse, se o desejo materno se inscreve na sua norma masculina, que não é distinta... Para que ele seja um fetiche normal, é preciso, ainda, que o desejo materno responda à sua norma masculina, que não é diferente da estrutura própria à sexuação feminina, que Lacan designou como o não-todo. O fetiche é normal apenas quando a criança não é tudo para o desejo da mãe.

E o que dizer da mãe que fracassa na direção desse outro desejo? Fracassar tem sentido de derribar com estrondo, quebrar, ter mau êxito, arruinar-se, falhar[8].

A fetichização — alienação do desejo ou encarnar o desejo em um objeto fetiche —, enquanto perversão, pode ser um nome do amor materno. Porém, a mãe que, apesar de animar o "objeto a" da fantasia, permanece ligada à criança como seu fetiche certamente vai produzir sofrimento na criança e nela mesma.

Que a tirania da mãe opera no curso do desenvolvimento da sexualidade da filha não é novidade. A mãe excessiva "não se toca", não dá espaço à filha para aceder seu desejo, sua feminilidade; impõe à filha uma dominação pela via erótica e pela via do amor.

---

[8] DICIONÁRIO AURÉLIO ON-LINE. Disponível em: https://dicionariodoaurélio.com. Acesso em: 23 abr. 2017.

Já vimos que a mãe pode interditar o percurso próprio da filha a tornar-se mulher.

Se, de fato, não há um traço que faça a identificação do feminino, é certo que a gravidez, como sinal externo do "ter um filho", pode funcionar, temporária e contingencialmente, para algumas mulheres, para pôr certeza no lugar da incerteza do vazio que a angustia. Angústia derivada daquele ser denominado "não lugar" de que nos falou Lacan. Contudo, a angústia não cessa. O filho, se vier apenas como a "solução normal" ao Édipo, será mero tamponamento. A angústia do "não lugar" permanecerá não apenas na maternagem — enquanto atos de ser mãe —, mas também no ser feminino que, de algum modo, percebe que "aquilo", o filho, não a identifica como mulher, nem coloca um fim no enigma de seu ser feminino.

Podemos falar como Lacan (1969) que "a demanda da criança" vem responder a um desejo da mãe. Pensemos aqui na assertiva de que se tornar mulher não equivale a tornar-se mãe, a angústia da falta identificatória permanece. Uma mulher vai, durante sua vida, ressignificando sua identidade. Parece que tornar-se mulher nunca tem um fim.

Daí podemos construir a ideia de que, para a mãe de uma filha, pela peculiaridade de gerar e criar um ser feminino, há, mais que o retorno à mãe, próprio da maternidade, a angústia de ser responsável por transmitir a feminilidade, algo que sabemos ser impossível.

Mais ainda: uma mulher que tenta abdicar desse "não lugar" que a angustia, para identificar-se mulher enquanto mãe, segue apenas com a mãe, deixando o processo de tornar-se mulher como que em suspenso. Um caminho diferente tomado pela filha, um caminho que não corresponda aos anseios e sonhos maternos, um caminho em que aparentemente a lógica fálica não estaria presente, de fato pode devastar uma mulher?

Não se pode negar que a relação mãe e filha encerra uma relação mulher-mulher, uma dádiva de fertilidade entregue da mulher-mãe à mulher-filha.

FEMINILIDADE E MATERNIDADE:
CONSIDERAÇÕES SOBRE A DEVASTAÇÃO NA RELAÇÃO MÃE E FILHA HOMOSSEXUAL

Repisamos: sem adentrar formulações sobre natureza, genealogia, origem ou causas da homossexualidade feminina na vida adulta, o certo é que, se a mulher reedita constantemente sua relação com a mãe e seu enigma identificatório feminino, não seria de se estranhar que, para uma mãe que se fixou em sua filha como o significante do feminino, pela via fálica, pode vir a receber em choque a posição de contornos específicos de sua filha na partilha dos sexos ou a orientação sexual homoafetiva de sua filha.

Indo além: as perguntas feitas pela filha à mãe — Quem sou eu? O que é ser mulher? — podem retornar devastadoramente nessa reedição do ser mulher-mãe de uma filha homossexual.

Recorremos a Zalcberg (2003, p. 146-147), mais uma vez:

> Nesse domínio do mais-além do falo é que, para além das injunções maternas expressas por seus desígnios simbólicos e imaginários, desenvolvem-se importantes elos entre mãe e filha. As meninas emaranham-se desde cedo na sexualidade da mãe e esta, através da filha, experimenta muitas vertentes de sua própria sexualidade.

E mais: se a filha imaginada pela mãe carrega os traços de sua própria constituição subjetiva, por que não pensar em um retorno da mãe à própria relação pré-edípica com sua mãe e com sua filha e, em relação a esta, à reedição do amor/dominação/totalitário ali existente?

Se o percurso feito pela mãe a tornar-se mulher peculiarizou-se em um reducionismo de fazer da filha um tamponamento de sua própria ferida narcísica, o que lhe restaria para além daquele "objeto" que desconstruiu seu sonho narcísico?

Noutro giro: pensar em perder aquele ser amado, falo, "objeto a" ou fetiche normal, para uma outra mulher pode suscitar na mãe um profundo questionamento de que trajetos percorreu a filha e pode colocar em xeque sua própria constituição feminina. Explico: uma vez aceita a teoria freudiana de que a mocinha deve voltar-se ao pai, ao separar-se da mãe, e daí dos demais homens, como pode uma mulher constituir-se de outro modo que não seja mediante a relação com um homem?

É evidente aqui que a mãe não elaborou a maternidade, para além do filho fetiche, objeto fálico, e parece ser um sinal de fracasso aquela criança não corresponder aos projetos narcísicos da mãe.

Extraímos que, quer a devastação na relação mãe-filha, quer a devastação na relação homem-mulher, a origem na forma de desejar, oriunda da relação primeva com a mãe, é determinante. Para além da destruição indizível, comporta o outro lado, o do encantamento, do fascínio, da demanda infinita do amor, em que, para a mulher, o que conta é ser amada, ainda que objeto-dejeto. Demanda de amor infinito que é igualmente própria ao feminino e ao mortal.

O que indago é se, a partir do conceito de devastação e da dupla vertente com que uma mãe se inscreve para a filha — a fálica e a da devastação — , é possível que a filha-falo ou a filha "objeto a" — parto aqui da ideia de que, fantasmaticamente, a mãe não apreendeu o sujeito que é a filha — produza um efeito de devastação na mãe a partir de sua escolha libidinal diferenciada, seja em razão dos vínculos primitivos da mãe com a própria mãe, seja porque a filha não mais corresponde a seu espelho narcísico, seja porque estaria em emergência a falha na transmissão da feminilidade, seja, por fim, porque a filha homossexual — seja qual for a etiologia dessa escolha objetal — remete a mãe à revisão de seu próprio percurso à feminilidade.

Se, para a filha, a separação da mãe é um movimento imprescindível para que saia do lugar do objeto causa de desejo e assuma a condição de sujeito, o que comporta operações de luto para ambas não seria também o desmonte de um sonho unitário e impossível da mãe uma retomada a essa condição, extraviada de si pelo tamponamento da questão do impossível da feminilidade?

Se assim o é, a assimetria necessária à definição de devastação poderia estar em posição invertida. A filha, ainda percebida pela mãe como falo ou "objeto a", mas sujeito que é, toma o lugar do Outro total, a quem a mãe procura decifrar, ainda que histericamente e, por efeito, no indizível do específico feminino, perder-se de si.

Despossuída de seu lugar, poderia a mãe ver-se despida, novamente, diante do "ter ou ser" o falo e carecer de nome para o outro ser feminino, indagando o inominável e inapreensível mais além?

Pode ou não ser eficaz a elaboração do luto, necessária ao que foram, na constituição da feminilidade, mãe e filha. Se acaso a mãe não fizer, ela mesma, esse luto, a transformação da menininha em mulher talvez não lhe caiba bem, obstruindo a existência de duas mulheres: ela e a filha.

Zalcberg (2003, p. 193) observa a questão da ameaça: "Ela não precisa abrir mão de ser mulher. Se ela tivesse que desistir de ser mulher, o que não é o caso. Quando a mãe o vive dessa forma, desperta nela a inveja: o medo de que outra se aposse de algo que era seu".

Inveja, medo, ciúme, posições reativas, sempre, à correspondência impossível da filha à mãe. Toca a diferença, a culpa e a angústia materna.

Retomando o que tratamos sobre o narcisismo e a proposição freudiana transcrita na introdução deste trabalho, podemos por certo afirmar que há mães que amam o filho não por ele, mas por elas, por terem sido parte delas, o que se configura um modo narcísico de escolha de objeto, nada anormal nas mulheres, segundo Freud, embora ele mesmo afirme que a maternidade é uma maneira de a mulher fazer uma escolha de amor objetal.

De toda sorte, esse narcisismo é diretamente afetado pelo descompasso entre a imagem e o real da filha. Não a imagem que constitui a criança, mas a da fantasia infantil, a da "prestação de contas" à mãe da mãe, daí poderíamos, quiçá, introduzir a ideia de devastação em duplo registro: da mãe pela avó e da mãe pela escolha objetal da filha homossexual.

Aqui, uno a devastação tal como descrita em Freud e Lacan e a por mim proposta, e me questiono se, sendo a devastação própria ao ser feminino, o surgimento de uma filha homossexual, ao incitar sentimentos dos mais variados na mulher-mãe, não poderia levar à devastação, ante o ressurgimento do enigma do seu ser.

Drummond observa que a devastação da filha pela mãe pode retornar quando a mãe se torna mãe culpada: "O encontro traumático com a desenvoltura materna é o que a leva a fazer do não todo materno uma devastação. O que retorna quando, ao se tornar uma mãe culpada, o ser mulher surge como um enigma" (2011, p. 13).

Soler (2006) traz a angústia da mãe, para além daquela fora da significação do falo, para além da castração, a angústia de perda do filho, de castrá-lo, de privá-lo, de lhe exigir, mas trata também de uma outra angústia, aquela diante do real do foracluído que faz fronteira, mantendo seu diferencial, da angústia de castração.

Por fim, traz uma observação importante para este trabalho: a angústia no que se refere aos cuidados com o bebê, o ser que ainda "presentifica uma proximidade maior do gozo da vida como gozo ainda não marcado". Para Soler (2006, p. 101-102), há mães que se perdem diante desse objeto, por se tratar de uma relação com o gozo vivo, função dos recalcamentos da própria mãe: "Para a jovem mãe, portanto, o recurso, em geral, é voltar-se para sua própria mãe, uma espécie de congênere, ainda que sua angústia se dê na medida das censuras que esta tenha a lhe fazer".

Essa reflexão vai ao encontro do que Winnicott (2011, p. 193) já nos trouxe: "Para toda mulher, há sempre três mulheres: 1) o bebê menina, 2) a mãe, 3) a mãe da mãe...". Também ao postulado da revivescência que a mulher faz de sua própria relação com sua mãe, ao se tornar mãe. Assim, a filha, agora mãe, que talvez tenha encontrado, ela própria, recompensas narcísicas por ser o objeto de centralização da mãe, a tudo isso responde.

> Muitas vezes não hesita em oferecer seus filhos à mãe para se assegurar de continuar tendo posição importante na vida dela. É através de sua criança que uma mulher pode "voltar para a mãe". Ela não sabe – quiçá quererá saber – que sua mãe não acalenta outro sonho que o de lhe ser indispensável e de se reencontrarem de novo unidas, como nos primeiros dias de vida em comum e de definição mútua uma pela outra. "Quem volta, nunca partiu" – já dizia Pablo Neruda (Zalcberg, 2003, p. 175-176).

Resta incompreensível a "disputa de propriedade" de que nos fala Zalcberg (2003, p. 176), senão pela via da neurose materna.

> Quando a criança procura fazer uma aliança com a avó por saber a importância desta na vida da mãe é o momento de esta se sentir disputando a propriedade de sua criança com a mãe. Configura-se uma situação paradoxal para a criança. "Por que desagrada a minha mãe eu estar tentando agradar minha avó? No fundo, é tudo o que ela mesma deseja.

Retornando a Soler, encontramos a formulação do filho-objeto e filho-intérprete, ambos relacionados ao lugar que o objeto real, filho, se encontra no inconsciente materno. O primeiro, aquele que experimenta os caprichos e a autoridade arbitrária da mãe, é aprisionado no "serviço sexual da mãe", na posição de fetiche, trata-se de um amor — como todos os amores — estruturado na fantasia, mas que, longe de ser imaginário, reduz-se apenas, na realidade, a objeto evocado pela divisão subjetiva. O segundo, aquele que, ante os ditos da mãe — que se manifestam, para além da fala, nos silêncios hiatos e contradições —, põe-se a significá-los em um desejo indizível. No movimento de decifrar esse enigma, está, na verdade, buscando o lugar de seu ser e sua identificação, indagando o Outro materno, tanto daquilo de sua própria existência quanto daquilo que ela é para o Outro — situação em que se revela o amor que, tal como o desejo, começa pela falta.

Vamos, daí, da mãe que fetichiza demais e daquela que faz da falta o caminho para a constituição subjetiva do sujeito, ambas lastreadas pelo amor. Como nos diz Soler (2006, p. 92-95): "Não é a falta de amor, mas o excesso de amor, que pode ser prejudicial aqui, e que clama por um efeito de separação necessário".

Enquanto Zalcberg (2003, p. 166) traz a confusão de corpos entre mãe e filha que acaba por acentuar a alienação da filha ao domínio materno, indicando este como "um dos motivos pelos quais a mulher tem dificuldade a renunciar à satisfação narcísica [...] para abraçar a identificação simbólica [...]", pergunto-me precisamente por que a identificação feminina fica sempre em suspenso, ante o real não simbolizável, se, para a mãe que se depara com a alteridade no que supunha continuidade, neuroticamente, não lhe acaba surtindo efeito de devastação.

Como já anotado, a devastação toca a dificuldade do sujeito de colocar o corpo em uma relação de troca. Seguindo Drummond (2011, p. 12):

> [...] em colocar o corpo na troca amorosa, no relacionamento sexual e na maternidade. Uma mãe deverá se separar dos objetos de seu corpo em sua relação com a filha. Se essa transmissão não ocorre, a devastação será a consequência desse deslumbramento narcísico que busca mais o amor desenfreado do que o desejo.

Indago se, simbolicamente, ter e ser — reducionismo do ser mulher em Freud e no primeiro ensino de Lacan —, ao distinguirem os modos de subjetivação do ser feminino, se misturariam na homossexualidade feminina.

Se a falicidade da mulher freudiana viria da maternidade, de onde vem a falicidade da mulher homossexual? Do não abandono do complexo de masculinidade? Não foi isso que Freud encontrou em suas analisandas. Da reafirmação de sua feminilidade, como pensa Lacan? Como repercute, em seu narcisismo, a mãe que vê a filha satisfazer-se sexualmente com quem não deveria ter o falo?

Proponho pensar que também a filha se envolve na sexualidade da mãe que estancou de forma fálica — ter um bebê, na equação freudiana — o surgimento de uma outra mulher que enseje o encantamento da filha. Esse processo, creio, pode, sim, ter efeito de devastação ou catástrofe.

Seria, então, possível, desse ponto de vista, pensar a devastação ou catástrofe invertida?

A mistura de identidade, corpos e enigmas possibilitaria a inversão de papéis, criando uma assimetria às avessas?

FEMINILIDADE E MATERNIDADE:
CONSIDERAÇÕES SOBRE A DEVASTAÇÃO NA RELAÇÃO MÃE E FILHA HOMOSSEXUAL

Não ignoro ser pressuposto da devastação a assimetria em que a mãe possui o domínio da relação, mas o percurso subjetivo de cada ser anatomicamente feminino em tornar-se mulher é individual e, por todas as minúcias já tratadas, sofre inúmeros desvios.

Se a devastação diz respeito ao sujeito não saber mais quem é, porque o Outro lhe degradou, por que esse outro, aceito como o parceiro sexual, não pode ser a filha de uma mãe que, na constituição de sua feminilidade, fez uso exclusivo da maternidade para designar seu ser feminino, ou "tornar-se mulher", sem nunca se descolar dessa redução?

Se estabelecermos que a mãe fez sua escolha sexual pela convencionalidade das saídas do Édipo que Freud apontou, saídas para a feminilidade, como não considerar que a maternidade, sendo uma dessas saídas, não possa, ao não subverter a objetificação do sujeito/objeto de amor, o falo, naquele pequeno bebê não crescido, já que é do infantil que se trata? Nessa linha de raciocínio, é devastador que a filha faça escolha sexual diferente. Nesse ponto, será que não poderíamos apontar que toda a constituição do sujeito mulher é colocada em suspenso quando o objeto de seu amor se constitui mulher pela via da homossexualidade? Aqui retomo o tema, controverso, se a homossexualidade não seria também uma saída para a feminilidade, a partir da proposição de Lacan de que não há homossexualidade feminina.

Por que, então, não pensar que a mãe, que faz de sua filha para sempre um objeto imaginário, acaba, ela mesma, assumindo a posição, ou sendo colocada na posição de objeto daquela filha e, dessa operação, emergir o sentimento de devastação?

Conquanto reconheçamos que há uma assimetria na relação mãe-filha que só permitiria cunhar a "devastação" da filha, é possível engendrar a questão de que essa assimetria, por ser construção subjetiva e se passar ao longo da construção do sujeito, pode inverter-se. Sim, é uma questão a se colocar: se, por um tempo — início da vida da filha —, a mãe potencialmente estabeleceu uma relação devastadora com a filha, a construção subjetiva desta última, acrescida de como a mãe se fez sujeito, poderia ensejar semelhante efeito?

4

DA DEVASTAÇÃO AO AMOR – O CAMINHO DE VOLTA

Canção de Jade
Viva cada instante, viva cada momento,}
Proteja da razão teu sentimento.
Tente ser feliz enquanto
A tristeza estiver distraída.
Conte comigo
A cada segundo dessa vida.
E o tempo vai passar
Ao longo dessa estrada.
Novas estórias lhe serão então contadas.
E você vai crescer,
Sonhar, sorrir, sofrer
Entre vilões, moinhos, dragões e poucas fadas.

(Toquinho)

Em "Duas notas sobre a criança" (1969), Lacan afirma que a mãe transmite a marca do desejo.

Sobre a devastação, o próprio Lacan coloca algumas mulheres fora desse envolvimento, mas é certo que, sendo dor de amor, alguma coisa pode dar-se ali, naquele espaço de relação, para conduzir mãe-filha a algo externo ao *ravage*. Um espaço, quem sabe, em que o feminino não nomeável se encontre e deixe aberto o sujeito para o amor.

Se o que de melhor a mãe pode transmitir ao filho ou à filha é a castração, como nos ensina Lacan, e se não há significante para o feminino, não parece equivocado pensar que não é à mãe que cumpre transmitir o que não pode sequer colocar em palavras, simbolizar: a feminilidade.

Zalcberg (2003, p. 192) denomina "crença ilusória" essa ideia, surgida na relação mãe-filha, de uma possível transmissão da feminilidade, crença da qual ambas devem libertar-se.

Uma vez transmitida a castração, ao sujeito cumprirá percorrer seu próprio trajeto para se posicionar na partilha dos sexos.

Se o sujeito é aquele que fala; em uma relação de devastação, ele é destituído desse lugar, reverberando o silêncio da falta de significante. Submetido ao Outro, perde sua posição e se vê vagando no vazio da falta, da ausência de significante e da mordaça em seu desejo, subtraído pelo outro e reduzido ao que ele é sem a fala.

Quando Lacan separa a mulher da mãe, pode pontuar a devastação para além do desejo fálico, ou seja, naquele mais além do gozo enigmático e sem limites percebido na mãe pela filha, que deságua na "loucura" da mãe.

Diferentemente, para Freud, a devastação é consequência da constatação, pela menina, de que o Outro materno é o responsável pela falta do pênis. A correlação, pois, é com o destino do falo na menina: ter ou ser.

Não é demais lembrar que o *penisneid* foi, para Freud, a barreira/limite na análise dos sujeitos femininos, quando ele apontou quatro consequências-destinos: o ciúme, a deterioração da relação com a mãe, a repulsa à masturbação clitoriana e o sentimento de inferioridade.

Em Lacan, vemos que a devastação e o arrebatamento são parceiros, daí porque podemos pensar que a ausência de separação subjetiva entre mãe e filha pode ensejar, para qualquer delas, o impedimento de dirigir seu desejo e demanda de amor a um outro, externo àquela relação.

Se tomarmos a relação mãe-filha com todos os contornos de uma relação passional, encontraríamos a saída na ruptura — pelo ressentimento, pelo aprisionamento ou por qualquer efeito deletério da devastação — que, de modo algum, serve a pacificar a relação de uma mãe com uma filha.

FEMINILIDADE E MATERNIDADE:
CONSIDERAÇÕES SOBRE A DEVASTAÇÃO NA RELAÇÃO MÃE E FILHA HOMOSSEXUAL

É em "Feminilidade" (1932) que Freud delineia os dois processos de identificação pelos quais deve a menina transitar: o primeiro relacionado à fase pré-edipiana, e o segundo, sua saída do Édipo, renunciando à masculinidade.

Se a feminilidade pudesse se apoiar em outros semblantes: trabalho, amor, obra de arte, a relação mãe-filha, e mesmo a escolha libidinal da filha, não seria o ponto de devastação ou este poderia ser superado. E em que espaço se daria essa superação?

A conquista que Freud nos legou do que é tornar-se mulher, desde sua "Conferência XXXIII" (1932), vem ao encontro dos estudos trazidos por Lacan desde seu primeiro ensino. Da dupla atuação da menina: o abandono do primeiro objeto do amor e sua transferência para um segundo, o pai, e a mudança de zona erógena — do clitóris para a vagina —, une-se a peculiar subjetivação do feminino, ancorada no seu não lugar e na sua forma de gozo suplementar ao fálico.

Nesse processo, não apenas o pai deve colocar-se em uma posição passiva — estar receptivo à "sedução" da filha —, mas também sobre a mãe deve desempenhar papel decisivo: sua destotalização ou desfalicização.

Aqui estamos diante da função a que Lacan denominou "Nome do Pai". A passividade do pai se refere ao fato de que não é como sujeito que ele é autor da separação mãe-filha, mas como segundo objeto do amor da filha, o que destotaliza a mãe, já que ela deixa de ser o único objeto de amor.

A mãe, até então total e fálica, deve renunciar a sua posição fálica experienciada na relação mãe-filha, ainda em um momento pré-edipiano, que é, sem objeção, uma relação de amor homossexual.

Essa passividade nos lembra, ainda, que é o olhar da mãe para este pai — que pode ser qualquer outro objeto de interesse libidinal diferente da filha — que guiará o olhar da menina para o pai como objeto de amor, em busca de algo que nele supõe completar a mãe.

A experiência da relação travada agora com a filha homossexual pode ter o efeito de redefinir os contornos na sua identificação, na sua projeção narcísica e na sua própria feminilidade.

Se recusarmo-nos cair na armadilha de terminologizar a relação pré-edípica mãe-filha em homossexual, sob pena de reduzirmos a função terceirizante da mãe, quando precisamente a ela cumprirá recorrer à sua representatividade paterna subjetiva para permitir a construção da feminilidade da filha e, mais ainda, a construção de sua própria feminilidade, quem sabe em contornos ainda indefinidos, que serão chamados a uma posição diante da escolha de objeto libidinal da filha homossexual, não seria o mote propício em que nos posicionamos nesta obra?

A castração operada na mãe pelo pai, naquele momento em que a filha a ele lança seu interesse, é de nodal importância na constituição subjetiva da filha, já vimos, mas é também, uma vez reconstruído em análise, de especial relevância na retificação subjetiva da mãe. Se a criança, na melhor das hipóteses, já nasce de uma divisão, mãe/mulher, fica evidenciada a incidência do "Nome do Pai" sobre ambas, mãe e filha. Se o apetite voraz pela filha tornou a mãe devastada, também já vimos, algo houve na divisão — ou divisão precária — de seu desejo dirigido a outro objeto.

Se a identificação feminina envereda-se por caminhos para além do Édipo desenvolvendo-se na relação mãe-filha, e se Lacan aponta que "em sua maioria" tal relação pode ser uma devastação para a filha mulher precisamente porque espera ela mais substância da mãe — mãe enquanto mulher — do que do pai, "ele vindo em segundo", não poderia ser essa mesma devastação, enquanto efeito, tomada em suas causas e em seu espaço de existência como o campo fértil para o recrudescimento mais do amor que do ódio entre mãe-filha?

Sim, porque, como vimos, o espaço de subjetivação em que a filha vai tornar-se mulher está estreitamente relacionado à relação mãe-filha. Ora, esse território, para além do Édipo freudiano ou do gozo suplementar feminino, cuja descrição não abarca a totalidade dos afetos ali envolvidos e cuja simbolização é impossível, já que limitada à parcela da mulher submetida à lógica fálica, não seria aquele em que é possível uma ressignificação do ser feminino?

FEMINILIDADE E MATERNIDADE:
CONSIDERAÇÕES SOBRE A DEVASTAÇÃO NA RELAÇÃO MÃE E FILHA HOMOSSEXUAL

Perguntamos se não seria exatamente o lugar em que mãe e filha, mulheres em constante transformação nesse feminino irrepresentável no inconsciente, poderiam, cada uma a seu modo, tocar um gozo que possam chamar de seu e, nesse movimento de ressignificação do feminino de cada uma — "contada uma a uma" —, localizar o que somente a elas concerne, primeiro, enquanto seres femininos; segundo, enquanto mãe-filha em relação.

A mim parece ser, nesse ponto, de exclusiva participação e percepção feminina, que duas mulheres, sejam quais forem seus objetos libidinais, podem, no fazer-se e refazer-se, no inventar-se mulher, encontrar o laço amoroso não destrutivo; não de fascinação, mas de experiência subjetiva, compartilhada em sua existência, de tornarem-se mulher-mãe e mulher-filha homossexual.

Bem longe do falo, nesse universo elas podem até divergir não apenas no seu modo de gozo — é sempre um específico para cada uma —, mas também no espaço do gozo suplementar, no resto do Édipo que resto não é. Aqui somente elas têm acesso, não simbólico, não imaginário. Aqui, o enigma que partilham e o decifrar parcial ou total, mas sempre singular, podem, sim, e é isso que proponho, percorrer o trajeto da invenção de uma outra relação mãe-filha, que transcorra da devastação ao amor.

O luto da relação pré-edipiana, tão essencial à libertação da filha do processo de devastação, é uma via de mão dupla e se estende à idealização narcísica que a mãe possa ter feito de sua filha. Ao localizá-la enquanto sujeito e compartilhar a falta-a-ser e a ressignificação contínua da feminilidade, mãe e filha têm lugar privilegiado na dança de corpos que se dá na vida.

A inquietude da ausência de definição feminina, que permanece na mãe e que pode ser transferida à filha, também pode ser a fonte de um encontro possível com os artifícios a serem utilizados na subjetivação feminina de ambas, tornando viável a separação e a reconciliação em outros moldes, o da reinvenção.

Aqui preciso fazer uma digressão sobre o tratamento dado pela Psicanálise ao Feminino, retomando alguns pontos deste trabalho, que entendo apropriados neste momento em que tratamos da ressignificação da mãe-mulher devastada.

Do que vimos, Freud associa a questão a feminilidade ao falta-a-ter, conquanto tenha ele, ao final de sua obra, definido, sem definir, a feminilidade como um "continente negro".

Chegamos a Lacan, primeiramente com o falo como o único significante para os dois sexos, mas já no início do seu ensino se afasta de Freud na problematização do gozo no corpo da mulher e na saída que Freud dera para o tornar-se mulher pela via da substituição fálica (falo=bebê). Assim, Lacan afirma não haver solução para a mulher no lado do ter, pois que ilude — esse, aliás, seria seu dom — e, nesse ponto, se baseia na definição de Joan Riviére da mascarada. Propõe, então, em um primeiro momento, o ter e ser o falo do Outro; esse "ser o falo", originariamente, refere-se à criança ser o falo da mãe, tendo que, por meio da metáfora paterna, ter o falo, o que faria advir o sujeito, mediante a operação da metáfora paterna. De suma importância, já vimos, a duplicidade do ser feminino nesse momento como essencial: a mãe e a mulher, sendo o desejo materno dirigido a algo além do filho, o que seria o desejo da mulher em localização diferente do desejo da mãe. Sobre a mascarada, Lacan destaca o jogo de engano pelo qual a mulher pretende ser desejada e amada por aquilo que não é, o falo, e, desse modo, acaba por repudiar o outro gozo, que é próprio da feminilidade.

No avanço de Lacan, esse gozo próprio ao feminino é inserido na mascarada, como realizando ela uma representação da mulher castrada, protegendo-a da falta de significante. A mascarada é como um véu ou adorno que cobre o corpo feminino e sua função seria a de causar desejo pelo que esconde, que é um nada, embora faça supor que algo há.

André (2011, p. 333) situa a questão já no outro tempo do ensino de Lacan, quando ele vai além da lógica fálica: "A mascarada realiza uma encenação imaginária do não todo: a representação da mulher castrada funciona aí como signo que protege contra a falta de significante da feminilidade".

FEMINILIDADE E MATERNIDADE:
CONSIDERAÇÕES SOBRE A DEVASTAÇÃO NA RELAÇÃO MÃE E FILHA HOMOSSEXUAL

No *Seminário 18: De um discurso que não fosse semblante* (2009), Lacan avança ainda mais, apresentando-nos a lógica do não todo, do gozo e suas modalidades como modo de inscrição do sujeito na partilha sexual. Nesse momento, ser homem ou ser mulher são identidades construídas pelo discurso, e os semblantes são mutáveis. Para Lacan, semblante, a despeito das definições usuais, tem sentido mais próximo de verdade, e verdade, para ele, tem dois lados: a verdade e a mentira. Assim, seguindo os ensinamentos do autor, verdade está relacionada ao inconsciente, que é oculto e que, ao mesmo tempo, diz da verdade e da mentira, e encobre o real. Dessa definição, aproxima a verdade do semblante, que tem função de fazer parecer verdade, mas também de uma barra ao real insuportável:

> A verdade não é o contrário do semblante. A verdade é a dimensão ou "diz-mansão" – se vocês me permitem criar uma nova palavra para esse godês – estritamente correlata àquela do semblante. A diz-mansão da verdade sustenta a do semblante. Alguma coisa é indicada, afinal, de onde quer chegar esse semblante (Lacan, 2009, p. 25-26).

Nesse sentido, a semelhança entre o gozo e o semblante está para a mulher mais acessível. Diz Lacan (2009, p. 34):

> Inversamente, ninguém senão a mulher – porque é nisso que ela é o Outro – sabe melhor o que é disjuntivo entre o gozo e o semblante, porque ela é a presença desse algo que ela sabe, ou seja, que, se o gozo e o semblante se equivalem numa dimensão do discurso, nem por isso deixam de ser distintos na prova que a mulher representa para o homem, prova da verdade, pura e simplesmente, a única que pode dar lugar ao semblante como tal.

Não é sem razão que Lacan chega ao semblante articulado ao discurso, tal como foi descrito, em um momento tardio de sua obra. Era preciso formular a questão do outro gozo, do suplementar, para tratar o gozo, o falo e outros adornos como semblantes do feminino.

Dizer que "A Mulher não existe", como vimos, a localiza em um lugar vazio que, apesar disso, comporta coisas a serem encontradas ali. Para Miller ([1992] 2012), p. 85), "[...] nesse lugar se encontram somente máscaras; máscaras do nada, suficientes para justificar a conexão entre mulheres e semblantes".

E o que é o semblante? — indaga.

> A que chamamos semblante? Ao que tem a função de velar o nada. Por isso o véu é o primeiro semblante. Como testemunham a história e a antropologia, uma preocupação constante da humanidade consiste em velar, cobrir as mulheres. De certo modo, é possível dizer que as mulheres são cobertas porque A mulher não pode ser descoberta.

> De tal maneira que é preciso inventá-la. Nesse sentido, chamamos de mulheres esses sujeitos que tem uma relação essencial com o nada. ([1992-2012], p. 65)

Se, na comédia dos sexos de que nos fala Lacan, também o homem faz semblante de ter o falo, quando somente detém o suporte imaginário, e se é certo que, diante do furo da castração que sofrem homens e mulheres, todos são simpáticos ao semblante, não é menos certo que a mulher faz dele sua morada, seja como mascarada, seja como véu, seja como usuária de semblantes variados.

Nessa estadia feminina no semblante, no véu ou na mascarada, mãe e filha se aproximam, campo fértil para que a ilusão se desfaça e a parceria se estabeleça, sem contornos de dominação ou de posse.

Por fim, se é verdade que a "dívida de gratidão" (Zalcberg, 2003, p. 176) que cola a filha à mãe deve se estender para o futuro, igualmente é certo que a fixação à fantasia infantil da mãe que a filha homossexual atingiu "de morte", ou seu espectro de devastação pela "quebra de contrato", que nunca houve, da filha escolher um parceiro-homem para satisfação sexual, ou, ainda, a devastação que lhe causou a relação com sua própria mãe devem permanecer no passado. O que paradoxal parece é o que resta verdadeiro: a separação de corpos e de sexualidade entre estas duas mulheres. Diria, com Winnicott, que estas três mulheres vão permitir uma dádiva de vida.

5

CONSIDERAÇÕES FINAIS

Se de minha mãe parti, deixe que eu vá,
desvende caminhos, me utilize de véus, revele, desvele,
que ela lá estará, para um café ou um vinho,
a despeito das marcas dolorosas e em razão dessas
mesmas marcas.
Sim, ela lá estará, não aguardando a minha volta,
porque parti.
Ela lá estará porque um dia estivemos juntas e
compartilhamos, para sempre,
o dom da vida de uma mulher que, não-toda, habita o mais
além do falo e também a lei.
Do não-toda e dos sonhos, faz-se poesia,
colocando sentido onde não há nenhum: o inconsciente

(Beatriz Christo)

Ao fim da "Conferência XXXIII", Freud (1995i, p. 134) conclui:

Isto é tudo o que tinha a dizer-lhes a respeito da
feminilidade. Certamente está incompleto e frag-
mentário, e nem sempre parece agradável. Mas não
se esqueçam de que estive apenas descrevendo as
mulheres na medida em que sua natureza é deter-
minada por sua função sexual. É verdade que essa
influência se estende muito longe; não desprezamos,
todavia, o fato de que uma mulher possa ser uma
criatura humana também em outros aspectos. Se
desejarem saber mais a respeito da feminilidade,
indaguem da própria experiência de vida dos senho-
res, ou consultem os poetas, ou aguardem até que a
ciência possa dar-lhes informações mais profundas
e mais coerente.

Aos poetas, vamos, as mulheres, sempre, pois "A vocação da poesia é pôr palavras onde a dor é demais" (Alves, 2008, p. 39-41).

Surpreendentemente, mais adiante, Freud trata novamente do feminino, quanto aos impasses do Édipo. Trata-se de sua formulação derradeira sobre a sexualidade feminina e a influência da mãe na possibilidade de a menina adotar, ou não, uma posição feminina em face do homem/pai:

> Com insólita frequência acharemos que o desejo de masculinidade típico da fase fálica (isto é, da fase da identificação com o objeto de desejo da mãe, o falo) se tenha conservado no inconsciente e que, a partir do recalque, exerça seus efeitos perturbadores (Freud, 1937 *apud* Zalcberg, 2003, p. 45).

O fato é que a catástrofe, ou devastação, na relação mãe-filha, na concepção de Freud e Lacan, se dá quando a mãe não se reconhece nas duas dimensões de seu ser feminino: mãe e mulher. Na devastação às avessas que proponho, é precisamente essa constituição subjetiva da mãe que lhe fez abdicar desses dois seres que lhe pertencem — mãe e mulher —, fazendo-a viver apenas a mãe e a filha fetichizada que, ao mesmo tempo em que devasta a filha, a si mesma devasta tanto mais quando a filha, na escolha libidinal homossexual, responde-lhe à infinita demanda de amor com o inverso da sua fantasia.

Se cabe a cada mulher encontrar na mãe um apoio para a identificação feminina, distinta desta — a sedutora, a totalitária, a fálica —, e se também a cada mulher cabe forjar sua própria identificação feminina pela inventividade e criação, proponho como saída à devastação a ressignificação da posição feminina dessa mãe que se fez mulher apenas enquanto mãe.

Citando Lacan, Zalcberg (2003, p. 15) explica:

> Introduz-se aqui o campo da grande contribuição de Lacan para a teoria da sexualidade feminina fundamentada nos novos e originais conceitos formulados por ele na psicanálise: o relativo ao resto da operação

edípica no destino feminino. Além da feminilidade de uma mulher constituir-se entre "pai e mãe", como preconizava Freud primeiro e Lacan desenvolverá, a feminilidade se constitui "entre duas mães". A figura da mãe, para uma menina, desdobra-se em uma função materna e em uma função feminina na medida em que a mãe é também uma mulher.

É nessa medida da ressignificação da mulher que há na mãe que esta pode escapar da devastação que, quiçá, ela mesma lhe instituiu. Se o Outro, de quem ela esperava amor ilimitado, foi "vestido" na filha fetiche, à mãe cumprirá descobrir nessa filha a mulher que nada deve à mãe, que não é produto de sua fantasia e que se constituiu mulher independentemente da escolha libidinal feita, mas, antes de tudo, permanece sendo filha.

O percurso de uma análise pode ser necessário, entretanto, de tudo o que há entre mãe e filha, é possível tecer outros agenciamentos. É preciso que os passos da filha na direção de suas próprias descobertas — em compasso com a abertura de via na mãe para que se instale o primado de que a vida concedida pela mãe à filha é um presente gratuito — se instalem de forma definitiva. "A dívida de gratidão, que une uma menina à sua mãe deve se situar no futuro e não no passado. Só assim, evitada uma fixação que aprisiona tanto a mãe quanto a filha, torna-se possível a transmissão da vida." (Zalcberg, 2003, p. 176).

Se tornar-se mulher é um contínuo desafio, com vicissitudes inimagináveis ou indizíveis, não se poderia mesmo esperar harmonia onde tanto imaginário e amor se decantam, encantam e desencantam.

A transmissão da feminilidade, atribuída por alguns à mãe, é um reducionismo inadmissível ante os percalços enfrentados pela mulher desde os primórdios de sua relação com a mãe. Os rastros da relação arcaica entre elas estabelecida, por certo, constituem ingrediente para uma cilada: a relação simbiótica e a ilusão narcísica.

Contudo, não são, de modo algum, os únicos elementos da tortuosa trajetória de tornar-se mulher e, mais ainda, a devastação — seja qual for a origem — é tocável, na medida de sua possibilidade de introdução em discurso em uma análise.

Aliás, e a propósito, há uma passagem em Lacan em sua perscrutação da proposta de Anna Freud ao tratamento de crianças, em que essa sugere que, pela escassez discursiva, meios lúdicos devem ser usados pelo analista, na qual ele mesmo, Lacan, aponta: "Logo, direi que o engajamento do analista numa outra relação que não a da palavra, por não estar desenvolvida, nem mesmo concebida, é ainda assim indicada" (1956/1957, p. 113). Pergunto, então, que relação seria essa?

A constituição do ser feminino de forma criativa, para além dos semblantes e máscaras, mas em invenções, cria o ambiente propício à ressignificação da falta em si e no Outro.

Como nos ensina Zalcberg (2003, p. 111), "[...] é uma filha que pode confrontar uma mãe mais agudamente com a sua falta [...] o que pode estar na origem da agressividade de uma mãe para com uma filha."

Se de fato não existe o signo claro da identidade feminina, se não há esse signo no inconsciente, não é menos verdadeiro afirmar que uma mulher existe, está, vive, se arrebata, se deixa arrebatar, se devasta, se deixa devastar, se torna o falo, faz semblante, usa máscara, enfim, um incontável rol de ofícios — e não artifícios — que lhe dão a consistência de ser, ainda que temporária, ilusória ou enganosa.

Freud apontou um recalque a encobrir a relação pré-edipiana entre mãe e filha, sendo a primeira, para a segunda, objeto de identificação primário e secundário, que parte do erotismo daquela primeva relação, do olhar que estabiliza, do olhar que reconhece, do toque no corpo, do reconhecimento. A força dessa relação para a filha, admitida a propriedade de devastá-la, é potencialmente da mesma intensidade para a mãe.

Nesse trajeto a ser traçado, de superação da devastação, somente aquelas duas, cuja relação de amor e ódio foi tão intensa que se perpetuou pela vida do ser feminino, podem tocar, com suas lembranças, seus inventos, seus semblantes e suas máscaras.

O luto de si, que a mãe terá de fazer, não será menos doloroso que o luto que fará da filha enquanto objeto, mas tocará sua feminilidade e lhe permitirá estabelecer uma relação afetuosa, sim, porque afeto se toca. Se amar é dar algo que não se tem, como ensina Lacan, a força de que pode se revestir o amor que une mãe e filha é capaz de dar algo a mais, para além dos sonhos infantis, das projeções narcísicas, da devastação.

Por fim, o amor. Ah! O amor! Na lição de Lacan: dar o que não se tem. Trata-se do dom da gratuidade. Amor como algo que, apesar do "eu" e do "tu", contingencialmente se instala entre dois seres falantes, mas permanece à parte.

Entre mãe e filha, as marcas da dor, da devastação e dos desencontros se misturam às de cumplicidade, carinhos, afetos. Dirigiria aos românticos — não por outra razão teria a Psicanálise surgido no período Romântico? — porque o que se quer é ser amada, uma mulher, duas mulheres, três mulheres. Deixaria, então, à poesia, como deixou Freud, não mais a pura questão do feminino, mas o laço, a um só tempo enlaçado e solto, entre mãe e filha.

Aqui, convocaria Lacan que, na análise de mulheres, ante a ausência de significante — e somente este é passível de interpretação —, encontra um não interpretável e, ante o postulado de que a Psicanálise não precisa dar consistência a esse Outro — cuja presença se percebe precisamente pela ausência —, convocou os poetas, após denominá-la "trapaça": "Como o poeta pode realizar esse esforço de fazer com que um sentido esteja ausente?" (Lacan, 1977 *apud* André, 2011, p. 339).

André (2011, p. 339) nos redime:

> A psicanálise, em outras palavras, não tem como objetivo acompanhar o movimento do inconsciente, mas encontrar uma saída para esse movimento, isto é, fazer de modo que isso mude.
>
> Nessa óptica, a feminilidade vale, na produção do sentido, como a principal utopia do significante. O psicanalista não tem que lhe dar consistência pela interpretação, mas deve responder do ponto em que o sentido tem uma chance de se esquivar.

Abdicar de cunhar um outro significante, que viria no lugar do furo, responderia o analista com poesia, para reunir não apenas feminilidade e falta de sentido, mas também maternidade, devastação e amor, que, na poesia, o sem sentido encontra-se presente em sua pura ausência.

Abstraindo o contexto da escrita, vestimos a luva de Rainer-Marie Rilke: "[...] Creio que aquele amor persiste tão forte e poderoso em sua memória justamente por ter sido sua primeira solidão profunda e o primeiro trabalho interior com que moldou a sua vida" (2013).

Entre a possibilidade de devastação às avessas ou de prolongamento de uma devastação anterior, resta o amor sem aprisionamento. Resta o reencontro após o processo de retificação subjetiva, dentro ou fora de uma análise. Resta a poesia que liberta e que une verdade e mulher, que, como nos ensina Lacan, já é a verdade.

REFERÊNCIAS

ALVES, Rubem. Quando a dor se transforma em poema. *In*: ALVES, Rubem. *As melhores crônicas de Rubem Alves.* São Paulo: Papirus, 2008, p. 39-41.

ANDRÉ, Serge. [1986]. *O que quer uma mulher?* Tradução de Dulce Duque Estrada. Rio de Janeiro: Jorge Zahar Editor, 2011.

BROUSSE, Marie-Hélène. [2004]. Uma dificuldade na análise das mulheres: a devastação da relação com a mãe. Tradução de André Telles. *Ornicar? Revista do Campo Freudiano no Brasil,* Rio de Janeiro, ano XXVIII, n. 50, 2004.

BROUSSE, Marie-Hélène. A homossexualidade feminina no plural ou quando as histéricas prescindem de seus homens testas de ferro. Tradução de Marcia Bandeira. *Almanaque,* [*s. l.*], n. 15, 2013. Disponível: http://almanaquepsicanalise.com.br/a-homossexualidade-feminina-no-plural. Acesso em: 23 abr. 2017.

DRUMMOND, Cristina. Devastação. *Opção Lacaniana on-line,* [*s. l.*], ano 2, n. 6, nov. 2011. Disponível em: http://www.opcaolacaniana.com.br. Acesso em: 6 abr. 2017.

FREUD, Sigmund. [1908]. *As teorias sexuais infantis.* Tradução de Maria Aparecida Moraes Rego. Rio de Janeiro: Imago, 1995a. (Edição Standard Brasileira das Obras Psicológicas Completas, v. IX).

FREUD, Sigmund. [1914]. *Sobre o narcisismo:* uma introdução. Tradução de Themira de Oliveira Brito, Paulo Henriques Britto e Christiano Monteiro Oiticica. Rio de Janeiro: Imago, 1995b. (Edição Standard Brasileira das Obras Psicológicas Completas, v. XIV).

FREUD, Sigmund. [1919]. *Uma criança é espancada:* uma contribuição ao estudo sobre a origem das perversões sexuais. Tradução de Eudoro Augusto Macieira de Souza. Rio de Janeiro: Imago, 1995c. (Edição Standard Brasileira das Obras Psicológicas Completas, v. XVII).

FREUD, Sigmund. [1920]. *Além do princípio do prazer*. Tradução de Christiano Monteiro Oiticica. Rio de Janeiro: Imago, 1995d. (Edição Standard Brasileira das Obras Psicológicas Completas, v. XVIII).

FREUD, Sigmund. [1923]. *A organização genital infantil*. Tradução de José Octávio de Aguiar Abreu. Rio de Janeiro: Imago, 1995e. (Edição Standard Brasileira das Obras Psicológicas Completas, v. XIX).

FREUD, Sigmund. [1925]. *Algumas consequências psíquicas da diferença anatômica entre os sexos*. Tradução de José Otávio de Aguiar Abreu. Rio de Janeiro: Imago, 1995f. (Edição Standard Brasileira das Obras Psicológicas Completas, v. XIX).

FREUD, Sigmund. [1926]. *A questão da análise leiga*: conversações com uma pessoa imparcial. Tradução de Christiano Monteiro Oiticica. Rio de Janeiro: Imago, 1995g. (Edição Standard Brasileira das Obras Psicológicas Completas, v. XX).

FREUD, Sigmund. [1931]. *Sexualidade feminina*. Tradução de José Octávio de Aguiar Abreu. Rio de Janeiro: Imago, 1995h. (Edição Standard Brasileira das Obras Psicológicas Completas, v. XXI).

FREUD, Sigmund. [1932]. *XXXIII Conferência*: feminilidade. Tradução de José Luiz Meurer. Rio de Janeiro: Imago, 1995i. (Edição Standard Brasileira das Obras Psicológicas Completas, v. XXII).

FREUD, Sigmund. [1937]. *Análise terminável e interminável*. Tradução de Maria Aparecida Moraes Rego Rio de Janeiro: Imago, 1995j. (Edição Standard Brasileira das Obras Psicológicas Completas, v. XXIII).

FUENTES, Maria Josefina Sota. *A mulher e seus nomes*: Lacan e o feminino. Belo Horizonte: Scriptum Livros, 2012.

LACAN, Jacques. [1949]. O estádio do espelho como formador da função do eu. *In*: LACAN, Jacques. [1966]. *Escritos*. Tradução de Vera Ribeiro. Rio de Janeiro: Jorge Zahar Editor, 2010a, p. 96-103.

FEMINILIDADE E MATERNIDADE:
CONSIDERAÇÕES SOBRE A DEVASTAÇÃO NA RELAÇÃO MÃE E FILHA HOMOSSEXUAL

LACAN, Jacques. [1958]. A significação do falo. *In*: LACAN, Jacques. [1966]. *Escritos*. Tradução de Vera Ribeiro. Rio de Janeiro: Jorge Zahar Editor, 2010b, p. 692-703.

LACAN, Jacques. [1958]. Diretrizes para um congresso sobre a sexualidade feminina. apresentado em Colóquio Internacional de Psicanálise, 1960. *In*: LACAN, Jacques. [1966]. *Escritos* Tradução de Vera Ribeiro. Rio de Janeiro: Jorge Zahar Editor, 2010c, p. 734-745.

LACAN, Jacques. [1965]. Homenagem a Marguerite Duras pelo deslumbramento de Lol V. Stein. *In*: LACAN, Jacques. [2001]. *Outros Escritos*. Tradução de Angelina Harari e Marcus André Vieira. Rio de Janeiro: Jorge Zahar Editor, 2010d, p. 198-205.

LACAN, Jacques. [1969]. Nota sobre a criança. *In*: LACAN, Jacques. [2001]. *Outros Escritos*. Tradução de Angelina Harari e Marcus André Vieira. Rio de Janeiro: Jorge Zahar Editor, 2010e, p. 369-370.

LACAN, Jacques. [1972]. O Aturdito. *In*: LACAN, Jacques. [2001]. *Outros Escritos*. Tradução de Angelina Harari e Marcus André Vieira. Rio de Janeiro: Jorge Zahar Editor, 2010f, p. 448-497.

LACAN, Jacques. [1974]. Televisão. *In*: LACAN, Jacques. [2001]. *Outros Escritos*. Tradução de Angelina Harari e Marcus André Vieira. Rio de Janeiro: Jorge Zahar Editor, 2010g, p. 508-543.

LACAN, Jacques. [1956-1957]. *O Seminário, livro 4*: a relação de objeto. Tradução de Dulce Duque Estrada. Rio de Janeiro: Jorge Zahar Editor, 2010h.

LACAN, Jacques. [1957-1958]. *O Seminário, livro 5*: as formações do inconsciente. Tradução de Vera Ribeiro. Rio de Janeiro: Jorge Zahar Editor, 2010i.

LACAN, Jacques. [1964]. *O Seminário, livro 11*: os quatro conceitos fundamentais de psicanálise. Tradução de MD Magno. Rio de Janeiro: Jorge Zahar Editor, 2010j.

LACAN, Jacques. [1966/1967]. *O Seminário, livro 14*: A lógica do fantasma. Tradução de Amélia Lira *et al*. Recife: Centro de Estudos Freudianos de Recife, 2008. Disponível em: https://pt.scribd.com/doc/218453423/

Jacques-Lacan-O-seminario-Livro-14-A-logica-do-fantasma. Acesso em: 8 maio 2017.

LACAN, Jacques. [1969-1970]. *O Seminário, livro 17*: o avesso da psicanálise. Tradução de Ari Roitman. Rio de Janeiro: Jorge Zahar Editor, 2012.

LACAN, Jacques. [1971]. *O Seminário, livro 18*: de um discurso que não fosse semblante. Tradução de Vera Ribeiro. Rio de Janeiro: Jorge Zahar Editor, 2009.

LACAN, Jacques. [1971-1972]. *O Seminário, livro 19*: ...ou pior. Tradução de Vera Ribeiro. Rio de Janeiro: Jorge Zahar Editor, 2012.

LACAN, Jacques. [1972-1973]. *O Seminário, livro 20*: mais, ainda. Tradução de MD Magno. Rio de Janeiro: Jorge Zahar Editor, 2008.

LACAN, Jacques. [1975-1976]. *O Seminário, livro 23*: o sinthoma. Tradução de Sergio Laia. Rio de Janeiro: Jorge Zahar Editor, 2008.

MILLER, Jacques-Alain. A criança entre a mulher e a mãe. Tradução de Cristiana P. de Mattos *et al. Revista Brasileira de Psicanálise Opção Lacaniana Online*, [*s. l.*], ano V, n. 15, nov. 2014. Disponível em http://www.opcaolacaniana.com.br/pdf/numero_15/crianca_entre_mulher_mae.pdf. Acesso em: 25 abr. 2017.

MILLER, Jacques-Alain. [1992]. Mulheres e semblantes. *In*: CALDAS, Heloisa; MURTA, Alberto; MURTA, Claudia (org.). *O feminino que acontece no corpo*: a prática da psicanálise nos confins do simbólico. Belo-Horizonte: Scriptum: EBP, 2012.

PLATH, Sylvia. *A redoma de cristal*. Rio de Janeiro: Artenova, 1971.

RILKE, Rainer-Maria. [1903-1908]. *Cartas a um jovem poeta*. Tradução de Cecília Meireles. Rio de Janeiro: Biblioteca Azul, 2013.

SOLER, Colette. *O que Lacan dizia das mulheres*. Tradução de Vera Ribeiro. Rio de Janeiro: Jorge Zahar Editor, 2006.

WINNICOTT, Donald Woods. *Tudo começa em casa*. Tradução de P. Sandler. 5. ed. São Paulo: Martins Fontes, 2011.

ZALCBERG, Malvine. *A relação mãe-filha*. 2. ed. Rio de Janeiro: Campus, 2003.

ZALCBERG, Malvine. A devastação: uma singularidade feminina, 2012, *Revista Tempo Psicanalítico*, [s. l.], v. 44. Disponível em: http://pepsic.bvsalud.org/scielo.php?script=sci_arttext&pid=S0101-48382012000200013&lng=pt&nrm=iso. Acesso em: 4 abr. 2017.